【生命調理法 2】

自我

催眠

何華丹◎著

吳序

先夫於八十三年三月亡故於肺癌,期間約兩年往來於醫院,深深體會病人及其家屬的無助,往往求助坊間秘方,最後人財兩空。同年五月,認識癌症的生存者李秋涼姊妹,即在關西地區覓得一塊土地,種植有機蔬菜,期待能給癌症患者及其家人一線希望。

經由媒體報導之後,華光頓時成為希望焦點,成群結隊的人潮湧入華光。後來我們把種植的地方取名為望德園(高雄有愛德園),於是說明會、講習會、體驗營……陸續開辦,同時,經草創的十幾位好友的同意,我們把望德園正式捐給華光。經過一段時間之後,我們發現生理、病理的療治固然重要,但心理的焦慮恐慌仍然是重要的病因。幾次聘請心理專家講解如何放鬆的課程,幾乎每一個人都知道要放鬆,但不多久心情依然如故。

後來源順煉油廠董事長吳武雄弟兄介紹旅居澳洲的何華丹博士,他除了醫學的造詣之外,第二專長即為醫學催眠,可從深層的潛意識裡去治療。第一次請何博士來之前,我的想法是,好事情也要分享給大家,除癌症病人之外,首先通知我們教會內的神長、教友之後,也開放給社會人士,結果來了一百多人。讓我非常感動的是,團體催眠中,突然有一位太太叫著:我見到了光,

而博士則說不要追光，請您讓它如輕風飄去來去自如，不要去理會。又有一位太太說：謝謝博士，您的神力幫助我，我聽到一聲「卡」，我多年的頸頭部宿疾好了。何博士依然回答：我沒有神力，也沒有功力，我只幫助您引發您自己內在的潛能而已。何博士是很虔誠的天主教徒，他發現信仰的精神，毫不保留的把一切傳授給人，來參加的人都很感動，在這個凡事都保留、不肯把要訣公開的社會，何博士的作風，實在令人欽佩。而這次何博士的到來，讓我最欣慰的是，與我一起服務的盧修女是乳癌的生存者，剛手術後，作化療、電療……原來盧修女並不相信，我設計她接受何博士的催眠之後，盧修女常常練習，據盧修女說她得到很大的幫助。

每次華光有任何活動，我都無法好好的學習，八十五年，我們華光的幾位同仁（包括盧修女）與家長遠赴澳洲旅行及學習，有位家長有酗酒的習慣，原本只是參與旅行，而學習生命調理法是我們的主要目標，那位家長百般無奈下參與課程。沒想到，連他母親臨終頻頻叮嚀，都無法使他改變的酗酒習慣竟然戒除了。

關於名稱「生命調理法」，大家都不瞭解，但是用「身心放鬆」不夠深入也太普遍，「醫學催眠」的催眠兩個字，又讓大家害怕。因此，仍然以生命調理法稱之。我們相信每個人的生命，都有或多或少的凌亂，需要適度的調理。追本溯源，生命調理法（醫學催眠）原是一位天主教耶穌會的修士所創，為幫助病人從心靈上放鬆，有助於醫療的效果。由於種種原因被江湖術士及有心人士所利用，而引發了很多怪力亂神事件。近年來生命調理法，經過醫學科技的整合，對於人類心靈治療已有很大的療效。生命調理法如果用於正途，實在可以幫助很多人。在西方國家，

不少醫學院所已有這方面課程，並且運用在醫療上。

何博士多年來從事這方面的研究，同時把這套催眠法運用在三位兒子的身上，結果在大學入學考試的時候，五種平均分數，都在九十九分以上，甚至達到九十九·九的成績。重點不在於成績，而是他們的家庭得到和諧，父母兒女的親情才是大家所羨慕的。而博士把這套生命調理法在家中實驗也得到印證。何夫人相夫教子在家中負起教育兒子的重責，使何博士沒有後顧之憂。她數年前才通過澳洲政府考試，服務於社會福利部門，從事服務身心障礙者的工作，令人敬佩。

主顧會修女推薦一對住在菲律賓的華僑夫婦，他們有一個行為乖張、讓人頭痛尚在就學的兒子，經過催眠找到了答案，原來與父母的管教有關，經催眠之後已判若兩人。他們介紹另外一個家庭全家從菲律賓來，可惜來的是一位自閉症孩子無法接受催眠。我感受到這套生命調理法最可貴的是運用在父母與子女彼此的關係，成績在其次，孩子在心靈平靜中成長才是最重要的。

另一例，有一位來等候個別催眠的太太，看了看我說，吳主任妳很像我母親，可不可以陪我進去，使我再次的身歷其境分享醫學催眠的神效。博士為她催眠之後，這位太太突然號啕大哭，訴說著她積壓多年的痛苦，原來她是家裡最不受歡迎的第五千金，母親將得不到兒子的怨全發在她身上，國小三年級起必須負起全家的煮飯洗衣工作，她回到童年，哦！天黑了怎麼辦？功課還沒寫，哎呀！下雨了衣服還沒收又要挨打了，博士就像醫生下處方一樣從負面轉到正面——療治，漸漸的她停止了哭泣臉上露出笑容，很滿足的說她丈夫很愛她，又有一位可愛的兒子，一家三口很幸福。

　　過了一會兒她全身發抖說：我快要被溺斃了，救命啊！原來她臉上長了一顆痣，有人跟她說要點掉以避免災厄得到幸福，當她點掉之後又有人用紫微斗數替她算命說她犯水厄，從此不敢用杯子喝水，全家都要用吸管，天天晨泳的習慣亦停止，因為每次潛入水中都感覺要被溺死，兩個小時的催眠治療後，她說多年來心靈從沒有這麼舒暢過，我倒一杯水給她，她竟毫不考慮地喝下了，幾天後她打電話來告訴我，她又回到最喜歡的游泳池游泳，好快樂。

　　一位友人要我請教何博士關於疱疹病毒的問題，博士說疱疹病毒是無法根治的，當人身體健康時，它們就藏在神經節裡殺不到它們，身體衰弱免疫失衡時，就隨時有可能復發。終於我瞭解了博士喜歡用壓抑而不用壓力的原因，原來壓抑是日積月累的壓力積壓在內心深處，遇到困難挫折時，不只嚴重傷害心理更影響生理健康，需要運用生命調理法也就是醫療催眠，才能把壓抑從潛意識裡拔掉而得到治療。

　　七年來不斷的邀請何博士回台授課，是因為本人服務於身心障礙機構裡天天接觸到很多身心靈受創的人，而坊間治療又那麼昂貴，動輒幾千數萬的非一般人負擔得起，何博士最令我欽佩的是他無私的精神，毫無保留傳授給大家打了二十年的108式楊式太極拳，並且配合醫學原理自創一套調息養生保健氣功，導引大家勤運動而保健康。他的授課精神更讓人折服，從清晨六點起直至夜間九點，他巴不得把所有專長統統傳授。

吳富美

華光智能發展中心主任

劉序

　　幾年前參加了何華丹博士的生命調理講習，學員大部分是聖職人員；何博士以生命調理和教會靈修並用，使學員獲益良多。

　　近幾年來社會變遷太快，生活步調和心身靈負荷太重，無法紓解；很多家庭變爲「枷」鎖，夫妻相待如「兵」，子女成了「累贅」，工作可「遇」而不可求，生活壓力如排山倒海而來，教人無法承受；有人長期臥病失去生活鬥志，經商失敗只求結束生命作爲解脫，失業者坐以待斃。

　　社會急遽的改變給人帶來的長期的壓力，輕者如失眠、情緒不穩、緊張、憂慮、高血壓、躁鬱症……等疾病；重者發生憂鬱症和精神病，成爲社會上的「行動不定時炸彈」。

　　生活上長期的壓力，使得身心靈上的負擔越來越重，伴隨而來的疾病已成爲現代人健康的隱憂。何博士的「生命調理法」講習深入淺出的道出生活壓力的來源，以及如何透過生命調理法和「靈修」並用，調整自己的生活，自我治療，誠心地、虔恭地把自己交託給天主，相信天主在各種境遇中保護我們，如同好父親會把最好的給我：「你們不要爲生命思慮吃什麼；也不要爲身體思慮穿什麼……也不必憂愁掛心……你們的父知道你們需要這些。你們只要尋求他的國，這一切自會加給你們。」（路十二：

22～31）

　　何博士把多年的心得，寶貴的經驗和虔誠的信仰與大家分享，希望藉著《生命調理法》的三本論著使更多的人感受到生命的可貴、美好和神聖。

　　何博士的「生命調理法」系列付梓，樂爲之序。

劉獻堂
新竹教區中心

自序

在國外居住了三十多年，我經常與許多不同種族的人士，尤其華人相處的時候，發現不少人（包括我自己）的生命旅途中，不但不是平坦大道，而常是崎嶇難行，困難、挫折、成功、失敗、快樂、壓抑與痛苦等相互交錯，甚至還有疾病發生，健康受到損害等。許多人勇於面對現實，經得起憂患與痛苦，不為困難所擾，情緒穩定，內心快樂；但也有不少人感到彷徨、失望、消極、煩惱、憂慮、沉淪和痛苦，甚至覺得人生沒有什麼目的和意義等。因此，我經常靜默地思考，人為什麼會有如此截然不同的反應呢？

我曾經努力的去尋求答案，解決了自己的問題，雖然成果並非十全十美；但我相信，自己的努力經驗如果能夠幫助我自己，它也一定能夠幫助他人。

我已經連續每年回台灣講授生命調理法課程八次之多了。許多曾參與講座的朋友，尤其對人腦意識層面與焦慮及憂鬱症素有研究的趙正生先生不斷勉勵與幫助，希望我將授課的內容寫成書出版，以便讓許多未有機會直接參加講座的人，也能夠藉著閱讀而獲得身心靈進修的益處。

更承蒙聯經出版公司的接受和支持，使這一套書有機會出

版，謹此深致謝意！

　　記得可口可樂公司的總裁布來恩・戴生（Brian Dyson），
有一次被邀在某大學畢業典禮演講中，說了一段生動而令人深思
的話：「想像生命是一個比賽，你必須同時拋接五個球，這五個
球分別是工作、家庭、健康、親友和精神生活，而你不可讓任何
一個球落地。你很快就會發現，工作是一個橡皮球，如果它掉下
來，它會再彈回去，而其他四個球：家庭、健康、親友和精神生
活是玻璃製的；如果你讓這四個球其中任何一個落下來，它們會
磨損、甚至粉碎，而一旦落下，它們將不再和以前一樣。你必須
知道這些事情而在生命中設法求得平衡，但要怎麼做呢？」我寫
書的目的，就是提供給你非常簡單、直接而實用的生命調理方
法，使你在生命中求得平衡。

　　我如何知道這些方法會有效果呢？答案非常簡單，事實已證
明了。在國外多年來，我經常爲不同的華人社會主持生命調理法
講座，對促進與保持華人的身心健康有很大的幫助。尤其這七、
八年來，我每年都利用年假，應邀回台灣主持同樣的講座，通過
電視、廣播電台、報章雜誌的專訪與轉播，並深入少輔院、教養
院、監獄戒毒所、社團、大專院校、政府機關、商業機構、扶輪
社、醫院、研究單位、工廠、癌症支持團體、教會與慈善機構
等，從事鬆靜舒壓與自我催眠啓示等自然療法，參加的人數以千
計，同時接受我個別輔導的人也上百計，發現他們都獲得良好的
效果。

　　尤其是幫助不少心情受到重大壓抑的人，情緒受到嚴重打擊
的人，心情因故陷入極度沉悶的人，罹患癌症的人，在潛移默化
中，尋回健康、陽光的自我；不僅減少或消除了身心的壓抑，而

且促進與保持了健康與快樂的生命。有人改善了夫妻關係、親子關係、人際關係；有人戒除了酗酒、酗煙等；更令人喜樂的是，激起了癌症生存者的充足信心，以及堅強的求生意志力，使他們能夠樂觀地從變化的生命軌道，鎮定地走向一個新的人生；有人則面對大型開刀手術，能夠鎮定而鬆靜的應付接受；更有不少中學生的學習效果提高，尤其面對大學入學考試時，能夠從容不迫、安靜鎮定、充滿信心地應付考試等等。

這套叢書，如何能夠產生以上的效果呢？

因為，它是針對目前社會的弊病，以現代醫學的觀點和方法，生理、心理及生化學的原理，並結合中國傳統保健養生哲學的智慧，發展出來的身、心、靈整合的正確途徑，使參加講座或閱讀此叢書的每一個人，都能夠達到心理與身體的和諧，懂得調理自己的情緒，提升生活品質，快樂的生活在多變的社會環境中，進而預防疾病的發生。

叢書包括三本：

（1）消除壓力。內容是教導你如何放鬆身心，有效的調適與消除壓力，促進健康以及延年益壽。在這套書中，詳細地分析現代人內心精神和身體遭受壓抑的原因；由於壓力所產生的症狀或疾病，以及對身心健康的影響。實際練習操作一系列調適與解除壓抑的方法，特別是壓力與工作及健康關係的心理智商測驗題目，可提供給機關團體或個人，做為測知員工或本身的壓力與身心健康程度，藉以改善與促進員工或自己的身心健康，提高工作效率或生產力，並為學習後面二系列課程奠定良好的基礎。

（2）自我催眠啟示（包括臨床醫學催眠啟示療法）。你將學會如何運用自我催眠啟示的方法，來發揮你的無限潛能和智

能、靈感與創意，閃耀出眞知灼見，突破自己，而使個人的身心、家庭和工作更美滿更充實，正確地指導你走向成功的人生道路。此外，你還進一步學醫學催眠啓示療法的臨床應用，幾十種不同的催眠臨床療法，你可以選擇應用，不但使你能夠再進一步的幫助自己，而且也使你能夠幫助他人，可以戒除不良習性（包括戒煙、戒酒、減肥等），改變與建立正確的人生觀，增強免疫能力，促進疾病的康復等。

（3）調息養生保健氣功。介紹中國傳統的運動醫學之一。這是我根據中國傳統醫學的智慧與氣功，並結合現代醫學生理學原理發展一套強身保健、增強免疫系統功能、提高體內自然療癒能力、抗病防老與祛疾療病的方法。

如果你深思地、仔細地閱讀與吸收這套叢書的醫學根據與原理；如果你誠摯地、持之以恆地練習這套叢書所教你的生命調理法，你將會驚奇的發現與體驗到你內心與身體的改善，趨向好的方面變化。你將會主宰自己的生命，讓生命閃耀出光芒，使你過著健康、幸福、快樂和成就的生活！

也許，你會好奇地問我爲什麼會在繁忙於醫學病理研究所工作之餘，抽出時間潛心探討有關精神（內心）健康的課題呢？前面說過，我也曾經在人生崎嶇不平的旅途中，撞跌及努力攀登過；也曾經走到十字路口不知何去何從，需要做出果斷的抉擇與正確思考。經過了不少歲月，我高興地找到了一些有益的答案與體驗，我覺得自己的努力經驗，旣然能夠幫助我自己，相信它也一定能夠幫助你。因此，我誠願與你分享！這是我主持講座與出書的目的。

最後，我要告訴讀者的是，我回台灣講授「生命調理法」的

　　緣起。在1990年代中期，我們天主教會內的教兄，源順油廠董事
長吳武雄先生，有一次在澳洲華人團體中，聽過有關於生命調理
法的演講後，誠摯而熱切地邀請我抽空回台灣主持講座。我當時
立刻答應（見《生命調理法1》吳先生序文，謹此深深感謝他的
贊助與推動）。一方面，我是在台灣接受大學教育的，離開她將
近三十年了，我熱愛她及她的人民，我真的很高興台灣的繁榮與
進步，很想回來看看；另一方面，我關心台灣經濟高度發展後所
出現的一些社會問題，尤其是人們的身心壓抑，導致了許多疾
病，嚴重地影響著個人的健康、工作、家庭與精神生活。

　　當然，不僅台灣的人民有身心壓抑，所有高度經濟發展與物
質文明的社會，都同樣存在這個問題。還有，據武雄教兄告訴
我，當時台灣社會（包括大陸）出現了一些怪力亂神的事情，所
謂天尊、地尊、至尊、妙師等層出不窮。有人詭稱夢中獲得神仙
指點自創「某某功」，能嘀嘀咕咕的說宇宙語，能唏唏啦啦的唱
宇宙歌，能不知不覺的寫宇宙文，具有上可通天，下可通地，能
呼雲喚雨，阻地震，退洪水等功力。有人則誇言能發放「功力」
改變全世界蚊子的遺傳基因密碼，使所有天下的蚊子從此再不叮
人吸血，只食草根與樹葉等。有人說可在練功者肚子上裝一個什
麼「輪」的，讓它日夜24小時旋轉不停，內施度己，外施度人
等。所有這些都會導致人們產生執著無知，誤認「練功」之後，
能超塵脫世和長生不老，甚至有病也不必去求醫等妄念，嚴重影
響人們的身心健康，甚至造成不必要的死亡。

　　因為許多人為了消除身心的緊張、壓抑與追求心靈的片刻寧
靜與安慰，不惜千金代價，尋求神秘或魔術力量，或鎮靜藥作
用，甚至去歡樂場所，以填補空虛的心靈。這種慰藉，也許可以

使人暫時逃脫現實，內心得到片刻的寧靜。但慰藉過後，卻不能使人從問題中解脫出來，可能還會導致人的思想混亂，脫離現實和逃避責任，甚至一切都依賴於神秘力量或鎮靜藥、歡樂場所。

　　人類具有探索與追求神秘的特性，尤其近代「奧秘主義」興起，使人類在科學的時代，仍然不斷地追求奧秘，企圖解決許多困擾人生的問題。武雄敎兄說得對，追求健康不必外尋，借助迷信、玄學只是一時麻醉，放鬆、自然、食物調養、有效消除身心壓抑的自然療法，以達到調理身心才是最好的促進與保持健康的辦法。否則就會陷入迷惑、無知、失望、消極、憂慮與痛苦，自暴自棄，或毒品、暴力等壞事裡，以及麻醉自己，逃避內心的空虛迷境中。武雄敎兄希望我能以醫學的觀點、原理以及方法，盡力地正本清源！

　　八年多前，就在這樣的背景情形之下，我欣然的應邀，懷著喜悅的心情回到了闊別多年的台灣。武雄敎兄因爲有事，接待我的是敎會內的一位敎姊吳富美，關西天主敎華光智能發展中心主任，一直到現在，我每次回台灣都是富美姊接待與照顧，在此謹向她深致感激！（詳細經過請看吳主任序文）。

　　在結束自序之前，我不敢說這套叢書具有與其他書籍不同的創新特點，但可以說其他的優秀著作給我提供了許多思考邏輯。我更感激至高無上的超然力量——我們的大主（上帝）賜給我靈感與啓示，讓我能夠誠摯地爲人們的身心健康做出一點貢獻。

何華丹

目次

吳序（吳富美）/ *1*

劉序（劉獻堂）/ *5*

自序（何華丹）/ *7*

第一章　催眠的歷史/1

　現代催眠療法的創立/2

　催眠應用於麻醉開刀手術/7

　學術界開始研究催眠療法/10

　催眠啓示療法時代的開始/11

　現代醫學界開始重視催眠療法/16

第二章　催眠是怎麼一回事？/21

　你被催眠過嗎？/21

　催眠是醒意識狀態的改變/23

　催眠是潛意識接受啓示/24

　催眠時，醒意識分析推理能力會被封閉/27

　揭開催眠的神秘面紗/28

　揭開間腦與邊緣系統的奧秘/30

　腦內啡的神奇作用/32

　左右腦有不同的功能/33

催眠狀態相當於中國氣功的靜功意境/34

獨一無二的催眠方式：自我催眠/37

常人對催眠療法的誤解/38

催眠是否有危險呢？/40

第三章　催眠的狀態和現象/49

催眠的狀態/49

催眠的現象/53

催眠術與醫學催眠啟示療法的異同/63

催眠啟示療法的臨床應用/65

第四章　催眠的方法和步驟/67

醫學催眠療法成功的要素/67

可催眠性檢測/68

催眠的步驟/71

導入催眠法/73

漸進式催眠身心放鬆法講稿/74

深入催眠法/76

喚醒法講稿/80

眼睛注視法催眠講稿/81

第五章　自我催眠啟示：發揮你的潛能、改變你的人生觀、指導
　　　　你走向成功的道路/85

讓你做出奇妙的事來/88

有益健康/91

幫助你成長/91

發現和建立新的你/92

往好的方向轉化/92

成功的安排計畫/93

增進你的愛情生活/93

成功的要素/94

身心放鬆/94

自我正面啟示/94

自我分析/95

接受啟示的方式/96

練習方法/98

教導自我啟示法講稿（在深入催眠法講稿後使用）/100

第六章　特別催眠療法：年齡後退/103

實例應用/105

必須慎重運用的催眠療法/112

年齡後退催眠法講稿一：後退到已知年齡（在導入催眠法講稿後
使用）/117

年齡後退催眠法講稿二：以架橋樑法後退/118

年齡後退催眠法講稿三：透過電視螢光幕法/120

第七章　驚奇的力量：自我催眠啟示有益健康/121

自我催眠啟示：成功控制體重的方法/122

肥胖症和情緒性問題的關聯/123

與自己的潛意識溝通/124

你要從哪裡開始控制體重呢？/127

你何時、何地及為何吃東西？/127

有效控制體/129

對體重控制有益的自我啟示/131

應用於控制體重的實例/132

減肥講稿（在深入催眠法後使用）/137

第八章　發揮你戒菸的力量/141

抽菸是一種習性/143

你為什麼抽菸？/144

抽菸者的壞消息/148

抽菸者的好消息/149

成功的戒菸講稿（在深入催眠法後使用）/149

第九章　自我催眠激發出強大的戒酒力/155

潛意識裡產生強迫性酗酒/157

戒酒的有效方法：自我催眠/158

成功的案例/160

戒酒講稿（在深入催眠法後使用，與戒菸講稿類似）/161

第十章　藉由催眠進入舒服的睡眠/165

需要多少睡眠才足夠？/166

導致你失眠的因素/167

可以用藥物治療失眠嗎？/169

自我催眠使你進入舒適的睡眠/169

治療失眠講稿（在身心放鬆法及深入催眠法講稿後使用）/171

第十一章　用催眠啟示療法消除焦慮與憂鬱/173

你焦慮或憂鬱嗎？/173

如何解除焦慮與憂鬱呢？/176

焦慮或憂鬱對你的影響/177

焦慮或憂鬱對你的作用/178

一般常見的恐懼症/178

有效消除焦慮與憂鬱/180

消除焦慮、緊張與恐懼講稿（在深入催眠法講稿後使用）／182

第十二章　特別催眠啟示療法講稿／187

1.對癌症病人講稿（在身心放鬆法講稿後使用）／187

2.促進手術後康復講稿（在身心放鬆法講稿後使用）／189

3.消除對動物恐懼症講稿（在身心放鬆法講稿後使用）／192

4.控制高血壓講稿（在身心放鬆法講稿後使用）／193

5.增強學習注意力和記憶力講稿一（在深入催眠法講稿後使用）
／194

6.增強記憶力和專心學習講稿二（在深入催眠法講稿後使用）／196

7.成功的應付考試講稿（在深入催眠法講稿後使用）／197

8.年齡後退催眠法講稿一（後退到已知年齡）／198

9.年齡後退催眠法講稿二（以架橋樑法後退）／199

10.年齡後退催眠法講稿三（透過電視螢光幕法）／199

11.控制與消除慢性痛講稿（在深入催眠法講稿後使用）／199

12.手套式麻醉止痛講稿（在深入催眠法講稿後使用）／200

13.消除頭痛講稿（在深入催眠法講稿後使用）／201

14.消除敏感講稿（在深入催眠法講稿後使用）／203

15.消除氣喘講稿（在深入催眠法講稿後使用）／204

16.消除口吃講稿（在深入催眠法講稿後使用）／204

17.消除關節炎講稿（在深入催眠法講稿後使用）／206

18.克服小孩尿床的習慣講稿（在深入催眠法講稿後使用）／206

19.消除女性的性冷感講稿（在深入催眠法講稿後使用）／208

20.消除男性陽痿早洩講稿（在深入催眠法講稿後使用）／209

21.消除雞眼講稿（在深入催眠法講稿後使用）／209

22.消除看牙恐懼講稿（在深入催眠法講稿後使用）／210

23.催眠兒童講稿（在睡覺前進行）/211

24.增強自尊心講稿（在深入催眠法講稿後使用）/213

25.激發出成功的潛能動機講稿（在深入催眠法講稿後使用）/214

第十三章　如何消除災難創傷後的壓力症候群/217

小孩遭受災難創傷後的共同反應/218

災難創傷後的壓力症候群實例/219

人腦神經中樞對災難與創傷的反應/222

如何診斷與治療/224

幾種有效的治療方法/225

消除災難後壓力症候群的方法/229

第十四章　癌症之後的新生/239

癌症生存者的體驗/239

癌症發生的原因/240

走向新的生命旅程/241

癌症並非絕症/242

配合癌症治療的好方法/243

對癌症病人講稿（在身心放鬆法講稿後使用）/245

第一章
催眠的歷史

　　催眠，具有獨特而神秘的歷史。雖然這個詞近一百六十多年前才發明，但催眠的方法已存在非常久遠，可能與人類歷史一樣悠久。巫術、黑魔術、黃教、瑜伽、坐禪、冥想、氣功、原始醫術，以及所有的信仰療法、宗敎祭典儀式和宗敎祈禱等，都有催眠術或催眠啓示療法的特性。

　　三千多年以來，許多人運用催眠術，有時眞，有時假，有時有幫助，有時卻是欺詐與詭秘。無論如何，催眠所產生的力量早已被世人公認，它可以有效的治療許多身心疾病和消除痛覺。更常見的是，它經常被人利用來做宗敎祭典或祈禱儀式，而運用的人並不知道那與催眠術有關。

　　原始人類早就懂得用催眠術來治療由精神（心理）引發的疾病。三千多年前，在古埃及的紙草古文書裡，已發現埃及的占卜者所用的催眠術，與現代的催眠方法非常類似。在古埃及的石碑裡，也有詳細記載催眠的集會。古印度的托鉢僧侶、波斯的黑魔術師，以及古希臘傳遞神諭的祭司等，都會運用催眠方法，只是名稱不同而已。

　　在中國四千多年前一部經典著作《黃帝內經》裡，已描述古

氣功（即所謂「導引按蹻」）的問世，尤其兩千五百年前，老子所提出的鬆靜及調息養生法，及後來道家的氣功養生袪病、佛家的靜觀冥想等，都相當於自我催眠啓示。在古埃及人建立的睡廟裡，祭司們先用催眠方法在病人即將入睡之時（此時病人處於高度接受啓示的狀態），以代表神的身分，在病人的耳邊輕聲細語，告訴他病將會痊癒，這是古代的催眠啓示療法。

在西元前四百年，埃及的睡廟傳入希臘，數以千計的睡廟建立，奉獻給希臘的醫神阿斯克勒比阿斯（Asclepius）。在西元前三百年左右，祭祀的狂熱蔓延到羅馬，當時鼠疫流行，祭司們在廟裡使用信仰療法，治好了不少病人。同時，啓示的力量也被人發現可以產生奇蹟，當時英國和法國的首領手覆在病人的頭上，說幾句祝福的話也能使病人康復。不久，基督教興起，摧毀了所有的神祇寺廟，並抨擊催眠術，他們害怕催眠的力量破壞其宗教信仰，不明白催眠的原理，全部貼上迷信的標記，認為是魔鬼的力量作祟，催眠治療師是魔鬼的代表，被催眠的人是受魔鬼符咒鎮壓的人。在神權統治的時代，不少催眠治療師被判處極刑。因為害怕教會的打擊和報復，原本屬於一種療法的催眠術，被忽略了將近一千年之久。

現代催眠療法的創立

現代催眠療法始於18世紀的奧地利醫生默斯摩（F. A. Mesmer, 1734－1814）。他出生於維也納，在維也納大學修神學，後改讀醫學，受教於當時著名的耶穌會赫神父（Fr. M. Hell）。

　　赫神父當時用磁鐵做了許多不同形狀的人體器官模型，如心、肝、脾、肺、腎等，放在病人的相關患部，治好了很多病人。默氏非常羨慕與著迷赫神父用磁鐵治療病人，因爲這符合他的理論，即動物磁場作用原理。他認爲赫神父是天文學家，他之所以能夠治好病人，是他應用磁場作用的結果。

　　現在我們知道，如果治療的力量是磁鐵，那麼與磁鐵的形狀應該無關；如果治療的力量是心理因素，那麼類似器官的磁鐵放在病人的相關患部，就是發揮想像力的效果。無論如何，赫神父的治療是成功的，他的治癒率約60 – 70％，也是現在的精神學家所樂見的。

　　顯然，當時大多數病人的身體症狀是由於心理因素所引起的。默氏在讀大學期間，就寫了一篇奇特的論文，討論行星對動植物的影響，尤其對人體健康的影響。他描述有一種無形但具有磁力的「宇宙液體」，像空氣一樣瀰漫地球。人之所以健康，是因爲這種液體在人體內分佈平衡的結果；人之所以生病，是因爲磁場發生了誤差，使這種液體在人體內分佈不平衡所致。

　　默氏的理論，受到當時另一位耶穌會神父葛斯諾（Fr. Gasner）的治療方法所影響。葛斯諾神父身穿閃閃發亮的紅袍，以戲劇化的形式會見病人，他雙目炯炯，手裡拿著寶石裝飾的大型十字架先去接觸病人，用拉丁文大喊：「病魔趕出去！」不久大多數的病人都會倒在地上抽筋嚎叫，接著他再用鐵製的十字架撞碰病人，使病人甦醒，從而恢復健康。葛斯諾的治療效果也相當不錯。

　　默氏從葛神父治療病人的過程中得到啓示，他認爲病人之所以康復，不是信仰的作用，而是磁場發生的效應，因爲十字架是

鐵做的，具有磁力作用。於是，他把十字架拿掉，只用鐵棍來治療病人，就在他維也納的診所裡，用榆木做了一個大桶（他稱為「磁桶」），桶內鐵棍相互交叉相連著，桶裡面灌滿了水，並放置很多充滿磁鐵的玻璃瓶。當治療病人的時候，他叫病人圍著「磁桶」，閉上眼睛，手握住鐵棍，他身穿著昂貴的中國織的紫色絲袍，手裡拿著精緻的鐵棍，在鋼琴伴奏輕柔的音樂陪襯下，以宗敎的儀式，在厚厚窗帘低垂的陰暗室內，嚴肅而緩慢的從病人身旁走過，時而看著他們，時而用鐵棍或手觸碰他們，時而在病人耳邊細語，不久有些病人就開始強烈抽筋而倒地，尤其年輕激動和神經質的女病人，倒在默氏面前大聲嚎叫，引起其他的人共鳴。在這段抽筋嚎叫痛哭期間，許多病人的症狀得以解除，甚至痊癒了。現在，我們知道許許多多的心理疾病和臆病，但在默氏的時代卻沒人曉得。顯然，默氏當時治療的病人，大多數都是屬於這種疾病。

於是，默氏宣稱他發現了新的磁場，即動物磁場效應。他認為，只有他本人才有能力把「無形的宇宙液體」，通過手指尖或鐵棍頂進病人的體內，使它重新恢復平衡與和諧，使病人恢復健康，而不需要任何藥物治療。他還認為，任何東西都可以磁化，病人只要接觸這些已磁化的東西，也同樣可以治病。由於病人過多，他就磁化自己庭院裡的樹木，讓病人觸摸這些樹木，病人的反應竟然和他親自治療一樣，許多病人也發生強烈的抽筋和大聲嚎叫的倒在地上，或倒在樹下睡著了，許多病人也因此恢復了健康。因此，他在維也納非常的有名氣。

不久，默氏從維也納移居嚮往多年的巴黎，因為巴黎當時是歐洲的文化中心。在那裡，他繼續開業，前來看病的人更多。當

時許多人覺得大聲嚎叫和手足抽筋，是一種時髦的玩意兒，許多
疾病也就是在這種情況下康復的。

　　有人認為，默氏一生從未治癒過一個患器官性疾病的人，但
毫無疑問，他的確治好了很多患心理疾病或臆病的人。因為這些
病人在別的地方不能治好，而默氏能治好，所以他在巴黎的名氣
更大。他的聲名傳遍了整個歐洲，甚至遠達俄國。

　　在巴黎，他的收入增加驚人，因而遭到法國醫學界的批評。
他無論如何努力，始終得不到法國皇家醫學會的承認。法國王室
裡雖有人推薦讓他在巴黎繼續開業，並請政府撥出一筆資金支
持，但條件是必須在政府和皇家醫學會監督之下。

　　默氏不願意接受，他的門徒也不滿政府的干涉。醫學界指責
他用中古世紀的方法治療病人，傳到法國國王路易14世的耳朵
裡。路易國王是一個疑心重的人，一切離奇怪異的事物他都懷疑
有政治野心。於是，國王頒旨成立皇家調查團，成員包括5位皇
家科學院院士，4位巴黎大學教授以及當時美國駐法國大使富蘭
克林（Benjamin Franklin），他是世界著名的科學家和發明家，
被邀請擔任調查團主席。

　　當時默氏旅行海外，由得意弟子狄思倫（Charles d'Eslon）
向調查團示範動物磁場效應。根據調查團報告，所謂動物磁場效
應和宇宙無形液體並沒有什麼新鮮內容，只是病人的想像力發揮
作用而已，並指責他的行醫方法不當、理論荒謬，默氏療法從此
被禁止。同時，因為默氏當時過於誇大宣傳的結果，致使一切涉
及動物磁場的療法，也被指為騙人的技倆。

　　從此，催眠療法的研究被延擱了將近一百年之久。事實上，
默氏的療法，也許他自己當時並不知道，而調查團也不清楚是對

病人創造一個很好的催眠環境，他的治療室佈景、使用的器材和
儀式、奇特的穿著與態度等，都含有強烈的催眠啟示力量，說明
他已創立了現代醫學催眠啟示療法，並奠定了團體心理治療、心
理分析，以及宗教心靈療法。

默氏在巴黎的名譽破產後，不久就返回維也納，死於憂鬱
症。但是，他的催眠法繼續被弟子使用，他的名字保留至今，家
喻戶曉，後人為了紀念他，將「默氏催眠療法」收錄在字典裡。
1800年代中期，默氏療法在歐洲不受歡迎，只能用於舞台表演。
這就是現在極具娛樂價值，吸引成千上萬觀眾的舞台催眠表演，
以及招搖撞騙、欺詐斂財無師自通的江湖催眠術的來源。

在1784年，法國皇家醫學會不容許默氏療法，與八〇年代醫
學界不容許自然療法（包括草藥、針灸和食物等輔助療法），甚
為相似。難怪默斯摩的弟子狄思倫在1780年寫的一本書裡說：
「既然想像力的醫學是好的，那為什麼我們不用想像力的醫學
呢？」

當時，一位葡萄牙籍神父兼修道院院長喬許‧第法瑞（Fr.
Jose deFaria，1766－1819），進一步發展默氏療法，他認為動
物磁場現象的發生，主要是病人的心理作用和精神集中想像的結
果，不是什麼磁力液發生作用。這位修道院長是個極富傳奇性的
人物，傳說中他曾去印度學過瑜伽術等，雖然他從未離開過歐
洲，但他也不否認別人的說法。他長得高大而瘦長，眼睛深邃，
眼神犀利，古銅皮膚，像個苦修者，整個人籠罩著神秘的色彩，
經常在法國和歐洲示範他的療法。他的療法很特別，先用眼睛透
視盯人，許多人看了他的眼睛後都會木立不動，等到時機成熟，
他就大聲而權威地說：「睡覺！」大約75％的人都會進入睡眠狀

態，與默氏催眠狀態相似，因而治好不少病人。他深入觀察病人情況後說：「人似乎能因符咒而生病，也能因符咒而痊癒。」

在1800年代中期，默氏療法雖然在歐洲不受歡迎，但在美國，默氏學會卻猶如雨後春筍一般地發展。

催眠應用於麻醉開刀手術

1840年，一位蘇格蘭眼外科醫生詹姆士·博瑞德（James Braid，1795－1865），去看默氏的瑞士籍傳人拉馮田（La Fontaine）表演催眠法。未去之前，他認爲這個表演一定是騙人的把戲，要去拆穿它。

當表演開始的時候，自願者紛紛在舞台接受催眠（與現在的舞台催眠表演一樣），他即刻上台去檢查他們，出乎意料之外，他驚奇的發現這些自願者的眼球向上滾動，眼皮閃閃不停，然後眼睛慢慢的閉上，進入了睡眠狀態。他雖然認爲所謂動物磁場論沒有意義，但這個催眠狀況倒是眞實的。

有一天，一位病人來他的診所檢查眼睛時，他對病人說：「我要你專心的注視著那盞強烈的燈光，以便檢查你的瞳孔反應。」當時，恰巧有人敲門，他立刻想起這才是第一位預約的病人。於是，他告訴這位病人繼續注視著燈光，他很快就會回來。因爲被第一位病人延擱，他忘了這位注視燈光的病人。當第一位病人告辭的時候，他才想起注視燈光的病人，正在等待著他檢查瞳孔。他趕緊進入診室，十分驚奇的發現，這位病人已經進入睡眠狀態了。他仔細的觀察這位病人，同時想起了默氏催眠表演時的情景，這位病人與那些自願者進入睡眠的狀態一模一樣。

他匆匆忙忙的去找附近一位醫生，告訴這位醫生他發現了一個特別現象。更出人意料之外的是，那位醫生因為注視了燈光，一會兒也進入了默氏催眠的狀態。這是因為那位醫生親自看到了病人進入催眠狀態，加上博瑞德醫生事先的啟示，而自己也注視了強烈燈光的結果。

從此，博瑞德醫生認為他已發現了從未有人知道的原理，即集中精神注視著燈光，並加以適當的啟示，能夠使人進入催眠狀態，他稱這現象為 Hypnotism，取自於希臘文字 " Hypno "，即「睡眠」之意。他認為這個睡眠狀態，可以用語言啟示而導入，處在這個狀態中，啟示的力量能夠增強，使人治好疾病或傷痛。他寫了一本書《神經睡眠研究》（ *The Study of Nervous Sleep* ），正式發明了 Hypnosis（催眠）這個英文字。從此 hypnosis 或 hypnotism 就正式載入了醫學字典和普通字典。不久，他發現催眠與自然睡眠是完全不同的兩件事情，他想改用別的字代替，如 " Monoideaism "（ One idea，單一理念 ），但是已經太遲了，Hypnosis 這個字已經廣泛在醫學科學界流行了，他已無法用別的字代替，就一直沿用到現在，致使許多人不了解它的真正內涵。

博瑞德醫生的主要貢獻，是應用催眠方法做麻醉。在他的年代，麻醉藥尚未被發現，很多人寧願死在自己的床上，也不願意冒著開刀手術的危險，他們認為只有那些毫無感覺的人才會爬上手術台。雖然有人能夠堅強忍受著手術的傷痛，但大部分病人都因手術後細菌感染致死。博瑞德醫生應用催眠麻醉方法，成功的做了許多無痛手術，同時保持免疫系統功能，加速手術康復，減少了死亡率。

　　博瑞德醫生應用催眠麻醉的方法，進行了許多無痛的開刀手術，不幸的是，當時的英國皇家醫學會，不但沒有接受他的方法，反而嘲笑為荒唐，幾乎令他發瘋。

　　當時，另一位蘇格蘭醫生約翰‧艾略森（John Elliotson，1791－1868），也應用催眠麻醉方法，先後在印度和英國，成功的做了許多無痛開刀手術，並在1837年發表論文，詳細說明手術成功的例子，同樣遭到醫學界的抨擊，還被皇家醫學會開除會籍，也被倫敦大學解聘。因為當時所有的皇家外科醫生，都用濃烈的酒精來做麻醉開刀手術。

　　還有一位英國內外科雙全的醫生威廉‧沃德（William Ward），也用催眠麻醉方法，成功的做了許多大型手術，雖然病人簽字證明沒有感覺痛，但英國皇家醫學會也不相信。另一位蘇格蘭外科醫生詹姆士‧艾斯達（James Esdail），於1840－1850年之間，在印度應用催眠麻醉法，成功的做了數千個小型手術和三百多個大型手術，並向英國皇家醫學會提出論文報告。然而，他卻被嘲笑在印度曬太多的陽光，引起頭腦胡思亂想。沒有任何醫學雜誌肯發表他的論文，讓他鬱鬱而終。

　　不久，化學麻醉藥被發現，乙醚在1842年被美國醫生葛羅佛‧隆（Grawford Long）應用於麻醉手術，他用來切除一位學生的頸部腫瘤（隆醫師在乙醚未發明之前，曾應用催眠麻醉來做外科手術）。1844年，牙醫荷瑞斯‧威爾斯（Horace Wells）吸入笑氣（Nitrous oxide）後，幫自己拔掉了兩顆牙齒，之後他就應用於病人的身上。1847年，英國醫生詹姆士‧辛普森（James Simpson）應用氯仿（Chloroform）來做麻醉手術。從此，催眠學又被埋沒了將近四十年之久。

學術界開始研究催眠療法

　　從19世紀下半葉以來，催眠雖然被醫學界當做笑談與嘲諷的對象，但在歐洲和美國卻有不少醫生研究和應用來治療病人。尤其在法國，研究催眠的風氣更盛行，而且是在巴黎兩間著名大學裡進行。在巴黎大學醫學院，由教授馬丁・夏爾科（Jean-Martin Charcot，1825－1893）主持，他是著名心理學家佛洛依德的老師，是病理解剖學教授，也是現代神經學的創始人，主持神經系統疾病的研究。他對研究歇斯底里症狀（Hysterical disorders）和催眠狀態（Hypnotic state）之間的關係非常有興趣，認為催眠就相當於歇斯底里狀態。他應用的是權威式的方法催眠。

　　1882年，他在法國科學院發表有關催眠的特性論文演講，使催眠學重新被醫學界重視。在南西（Nancy）大學醫學院，希伯利特・伯罕（Hippolyte-Mari Bernheim，1840－1919）教授主持研究催眠的臨床治療應用，在1884年，他發表了一篇論文，指出醫學催眠療法之所以能夠發生療效，使病人恢復身體健康，主要是通過啟示力量作用的結果。他的著作《啟示療法》（ *Suggestive Therapeutic* ），對催眠啟示療法有很大的貢獻。雖然，以上兩位教授的研究方法和結果，與現代的醫學催眠療法不同，但他們對於醫學催眠療法的貢獻，是被世人所公認的，尤其是伯罕（Bernheim）教授，帕多瓦大學（Padua）的臨床催眠和心理研究所，就是以他的名字命名的。

催眠啓示療法時代的開始

1866年，法國醫生雷伯（Leibault），經常對病人如此啓示：「如果你要我開處方治療，你必須付診金；但如果你讓我應用催眠方法治療你，則不收任何費用。」很多病人在接受了這樣的啓示後，恢復了健康。直到庫宜（E. Cou'e，1857－1926），才在催眠史上寫下了新的一頁，正式開始了催眠啓示療法的時代。他的著名啓示家喻戶曉：「每一天，不論在那方面，我都會覺得很好，很好。」至今仍然膾炙人口。

庫宜是居住在巴黎北部的一位藥劑師。有一天，一位上了年紀的女病人來到他的藥房訴苦說：「現在的醫藥到底是怎麼回事？我已經試用過你藥房裡的許多藥片和藥劑，對我的病情一點也沒有效果，你還有什麼新藥可以幫助我？」庫宜想了一下，回答說：「啊，這裡有剛從巴黎來的新藥，效力很好，對你會有很大的幫助。」幾天後，這位女病人回到藥房，很高興地說：「我已經全好了！我從來沒有服用過這麼有效的藥。看看現在的我！」庫宜心裡想：「這真是件奇怪的事！我要分析一下這藥品，看看到底有什麼有效的成分在裡面。」

於是，他就在自己的實驗室裡，開始做化學分析研究，出乎他的意料之外，發現不出有什麼新的有效成分。他認為，這是病人發揮想像力的結果。事實上，這個病人是真的好了！庫宜回想起當時的情景，自問：我對那位女病人說過什麼話？那位女病人又對我說過什麼話？當他想起曾經對女病人說過：「這裡有剛從巴黎來的新藥，效力很好，對你會有很大的幫助。」的話後，於

是他得出結論：「啟示的力量發生作用！那眞是一件非常奇妙的事！我說過的話發生了效果。」這件事激發他開始研究啟示的力量及效應。因此，他突破了催眠學歷史的框框限制，豐富了催眠學的內容。他得出了結論：「並非催眠師的啟示發揮力量，而是被催眠者接受啟示後，所產生的力量和效應。所有一切有效的啟示，必須轉化爲自我啟示後，才能產生強大的力量。」他並且認爲，一切催眠都是自我催眠，被人催眠和自我催眠是同一件事。那位女病人那天在藥房裡，他告訴她什麼話，她也告訴自己什麼話，所以病治好了。這就是自我啟示的力量發生了效果。

庫宜相信這個理念，因此就在自己的家裡開設診所免費義診。他的家坐落於幽靜的街道，擁有幾間寬闊的住宅和廣大的庭院，就在這樣優越的場所，開始了他的義診服務。由於他具有獨特的啟示力量，治好了很多病人。有人比喻他的療法和信仰療法相同，他並不介意，他知道信仰療法是不自覺的應用了催眠啟示的原理。

在1921年，庫宜舉行了一次有名的團體義診。一大早一群病人就聚集在他的診所，有的坐在庭院裡的石凳上，有的坐在樓上陽台，有的坐在樹下，有的坐在候診室裡，有的擠在門前台階上，連他自己也無法找到一個適當位置坐下。首先，庫宜招呼一位手持拐杖的體弱老病人，由他的小女兒陪同從巴黎來看病，他走路不穩，手腳發抖，他告訴庫宜每當自己單獨在街上行走，如果被人看見的時候，手足就會立刻覺得麻痺，整個人幾乎要癱倒在地上，必須用拐杖支持住才不至於跌倒。庫宜叫他把拐杖放下，走路試試看，他彎曲著雙腳，步履沉重的移動著腳步，庫宜承諾會改善他的情況。同時對他說：「你以前在潛意識裡播下了

壞的種子，現在你要播下新的好種子。壞的種子使你感覺痛，而好的種子會使你康復。」這也是他給所有在場的病人一個重要的啓示信息！

當一位婦女嘮嘮叨叨的說她這也不舒服，那也不舒服，這也病、那也病的時候，庫宜打斷她的話，告訴她不要想太多，會越想越壞的。接著他又對那些患有頭痛、風溼關節炎、中風行走不便、神經質和缺乏信心的人說，如果他們心裡只擔心害怕自己是否好轉，而不去實際行動來消除負面的想法，並給自己強而有力的正面啓示的話，反而會增加內心的疲勞和身體的毛病。庫宜告訴他們說：「如果你對自己說『我要做某件事情』，但你的想像力回答說：『啊，我可能不行。』你不能這樣說，你必須說：『我能夠，我必須做好它』，這樣才能使你成功。」

在場的許多病人都紛紛說，他們已按照他的指導和啓示去做了，病情也好多了。對一位還沒有好轉的男病人，庫宜說：「先生啊，我知道你努力過！你必須相信你的想像力，而不是你的意志力。想像你自己會好，你就會好。」對於幾位行動不便、需要用拐杖走路的病人，他要求他們走路看看，作為將來進步的指標。一位退休的鐵匠告訴庫宜說，他十多年以來，右手一直痛得不能舉起到與肩膀同高的位置。庫宜花了將近40分鐘的時間，對這位鐵匠做治療，強調自我啓示的力量，如果能夠正當的應用這個力量，可以消除許多心理疾病，即使是器官性疾病，至少可以減少其痛苦，增強生命的意志力，絕對不能放棄治療的希望。他說：「啓示力量的極限，現在還沒有人知道，因此，最後康復是可能的。」

在一群病人中，庫宜首先挑選出了一位女病人，請她伸出雙

手，將十個手指交叉握緊，越緊越好。「請看你的雙手！」庫宜
指示她說：「發揮你的想像力，想像你的雙手好像被強力的磁鐵
吸著一樣，你心裡想拉開它，但你不能。現在，試試拉開你的雙
手，用力拉開，你越想拉開它，它就越握緊在一起。」這位女病
人的手指關節幾乎都變紅了，她的雙手還是不能拉開，好像被鎖
住一樣。「現在再想想！」庫宜對她說：「我能夠拉開雙手！同
時放鬆你的十個手指。」她便放鬆了手指，於是雙手很容易的就
分開了。

　　他要求每一個病人都做同樣的試驗，大部分的病人都很成
功。只有其中一位女病人，面色難看的注視著自己分不開的雙
手。「夫人啊！如果你堅持現在這個意念的話，」庫宜開玩笑的
對她說：「我看，你一生也不會把雙手分開了！」相反的，一些
男病人，包括那位鐵匠在內，一開始就不把雙手握緊，很容易地
就分開了（在此請注意，許多現代催眠治療師都會認為，這位鐵
匠是不適合的催眠對象，但庫宜不是普通催眠治療師）。庫宜微
笑的對鐵匠說：「你看，不是在於我說什麼，而是在於你的想
法。剛才你在想什麼呢？」鐵匠回答：「我在想我的雙手可以分
開。」庫宜接著說：「很對，所以你一開始就把手分開了。現
在，請你再緊握著雙手。」指示他重複以上的實驗，直到不能輕
易地把雙手拉開為止。「現在聽我說的話，十多年以來，你自己
認為不能做的事情，果然成為事實。現在我要你想『我可以把右
手舉起來』。」鐵匠懷疑的看著他。「快，快舉起你的右手！」
庫宜命令似的說：「快想，我能夠，我能夠！」鐵匠就接著說：
「我能夠！我能夠！」他努力的試著把右手舉起，但訴苦地說他
的手臂很痛，不能舉起來（在此，請再注意，這時大多數催眠治

療師都會覺得失敗，但庫宜是啟示大師）。「好，很好！」庫宜
繼續說：「不要放低你的手臂。閉上你的眼睛，盡量迅速地重複
我的話『痛覺消失了，痛覺消失了！』」他們兩人在一起重複這
句話約有一分鐘之久，庫宜接著很快而柔和地說：「現在想，我
可以舉起我的右手臂了。」不一會兒，鐵匠的臉上露出了笑容，
啟示的力量正在發揮作用，消除了他手臂的痛感，他真的慢慢把
手臂舉起來了，一直高舉到頭頂上為止，而且保持這個垂直姿
態，眾人一起鼓掌稱讚。

　　庫宜握住鐵匠的手說：「我的朋友，你的右手已經治好
了。」鐵匠說：「好像是好了！」庫宜說：「證明給我看，用你
的右手打我的肩膀一下。」鐵匠微笑著輕輕地打他的肩膀一下。
「用力一點！」庫宜勉勵他說：「盡你的力量打！」鐵匠就按照
他的指示去做，直到他被打得身體傾斜。「非常好，我的朋
友，」庫宜說，「現在，你可以回到鐵鋪去了。」接下來，鐵匠
還幾次不斷地舉起和放下右手，證實自己真的治好了，同時還不
停的喃喃自語：「我能夠，我能夠。」

　　當每個病人都成功的完成了握手試驗之後，庫宜就接著消除
了每一個人的痛感，同時說，「現在，你們的內心已經開闢了一
片新園地，我可以給你們播下良好的種子了。」然後，他轉向來
自巴黎那位寸步難行、手握拐杖的老人，請他站起來，把重量放
在雙腳上，做一些簡單的體操動作。然後，庫宜把他的拐杖拿
走，叫他來回地走動，同時要他心裡想：「我能夠，我能夠。」
當這位老人步行蹣跚、幾乎跌倒時，庫宜指出他的失敗，並繼續
勉勵他，要不斷地想「我能夠，堅持走下去。」在庫宜的啟示和
勉勵下，這位老人慢慢的挺直身體，並充滿信心的開步走路，這

時他的小女兒禁不住歡呼跳躍起來，大眾看見也一起拍手叫好。
庫宜告訴他說：「在你的姿態固定後，請你在我的花園裡走幾
圈。」這位老人果然不用拐杖，在花園裡走了幾圈。

當團體治療結束時，庫宜就告訴每一個人，每天都要練習自
我催眠啓示，要告訴自己說：「每一天，不論在那一方面，我都
會覺得很好，很好。」對於啓示的原理，他提出了如下的結論：

1.一個堅強的理念根植於內心，將轉化爲身體和精神的堅強
力量。

2.意志力高度集中於一個理念，並重複啓示，這個理念將會
加強。

3.當意志力與想像力發生衝突時，想像力終會勝利，因爲想
像力來自於精神的中心。

4.當啓示牽涉感情因素，它將會壓住其他的啓示，而這個與
感情因素相連的啓示，將對身心產生重大的影響。

現代醫學界開始重視催眠療法

1892年，英國皇家醫學會成立了一個委員會，進行研究催眠
的現象，和它的醫療價值及臨床應用。委員會做了許多臨床實驗
研究，承認催眠療法對於某些疾病有很好的療效，尤其是消除痛
感方面。委員會發現在催眠狀態中，病人的症狀得以改善或消
除，但對病人的身體並沒有副作用或損害。不過，委員會也指
出，如果缺乏醫學知識，運用不當，可能會引起一些嚴重後果。
雖然委員會已接受催眠療法，但很少醫生用於臨床治療，不論在
英國和歐洲，催眠療法仍然被醫學界忽視和嘲笑了若干年。

　　19世紀末，歐洲越來越多的醫生對醫學催眠療法發生了興趣，尤其是應用於心理治療方面。當時著名的年輕精神科醫生佛洛依德（1856－1939），於1885年向巴黎大學著名教授夏爾柯學習催眠學，也訪問過南西大學的伯罕教授。他從伯罕教授治療一位病人的過程中得到啓示，建立潛意識理念，開始應用催眠方法來治療心理疾病病人。

　　佛氏認爲，精神病人的症狀與他個人的記憶、感覺和內心狀態在潛意識裡發生衝突有關。他先用催眠的方法，去發掘病人潛在的痛苦原因，然後讓病人追溯，釋放出痛苦的記憶和情緒，從而逐漸的康復。不過，他應用催眠療法一段時間之後，覺得效果不能維持很久，因爲許多病人忘記了以前發生的事情。後來，他自己發展了一套方法，就是有名的「自由聯想」和「心理分析療法」。之後，他就用這個方法來治療病人。他的心理分析療法原則是這樣的：他先讓病人發揮自由聯想，不受任何醒意識所控制，讓潛意識指導自由聯想去活動，從中加以分析，找出問題的根源，洞察病人的潛意識活動，包括記憶、感覺、認知、理念和思想等，使埋藏在潛意識裡的事情浮現出醒意識層面，以減輕或消除身心的症狀。他有時發問，有時分析，有時傾聽，有時啓示，儘管病人會說些不相關的話或不願意被詢問。因此，有人稱這種療法爲「談話治療」。

　　1910年，他發表了一篇論文演講，說明自己應用催眠療法時，只能使少數人進入深度催眠狀態，所以對催眠療法失去了興趣。但是他並非完全放棄催眠療法，他指出適當的心理療法尚未建立和廣泛應用之前，他的心理分析療法，可以用催眠療法來加強或相輔相成。

　　一般運用催眠療法的醫生，都普遍認為佛洛依德醫生不是一個成功的催眠治療師。他的失敗是在於不易取得病人的信任，因為他經常詢問病人的性生活情況，他認為所有心理問題的發生都與性慾有關。

　　1897年，果然危機發生，有一天他催眠治療一位患歇斯底里症的年輕女病人，當她被喚醒催眠時，雙手就緊緊抱住他，這事突然發生，使他的潛意識立刻產生反應，認為這女病人的性慾有問題，產生了「移情作用」。因此，他認為催眠療法是一件危險的事情，從而結束了與病人面對面的催眠療法，改用變通的催眠療法，與他的心理分析療法相結合，他就坐在病人的後面，在病人和他之間用窗帘或布間隔著，他認為這樣可以防止「移情作用」。他似乎害怕接觸女人！

　　因為佛氏放棄了催眠療法，使人們的興趣轉向心理分析法，致使被一些投機的娛樂表演者、幻想作家、江湖催眠師甚至犯罪集團所利用，其負面影響甚大。就像氯仿剛被發現時，人們濫用來做麻醉藥一樣，引起嚴重的後果。其實，心理分析法也有不足之處。首先，這種方法需要很長的治療時間，有時長達5年之久；其次，需耗費昂貴的費用。不過，從人類行為科學理論觀點看，佛氏所用的心理分析法，對病人細微而透徹的觀察和分析，對於近代人類行為科學有很大的貢獻。事實上，佛氏所創立的心理分析法和現代醫學催眠療法十分相近，只是在方式上不同而已。他的自由聯想法和現在醫學催眠的自我啟示甚為相似。難怪不少作者提出，佛氏事實上已經應用現代的醫學催眠啟示療法了，只是當時他並不知道而放棄不用。但是，他的學生米爾頓‧艾瑞克森（Milton Erickson）卻進一步發展佛氏的療法，創立了

新派的醫學催眠療法，讓病人發揮自由聯想來替代現有症狀。

　　在20世紀初期，催眠術多用於舞台表演，或在奇幻小說和戲劇裡出現。醫學界仍然認為催眠術不是欺詐騙人，就是毫無醫療價值可言。當時一般人也相信，只有弱智或缺乏意志力的人才能被催眠，所以一般醫生也不願被人認為用這個方法去治療病人。

　　儘管如此，醫學界對於催眠的研究並沒有停止。到1930年代，科學界，尤其醫學界又重新重視催眠學，科學家和臨床醫學家又開始有系統的研究。1933年，美國著名心理學家赫爾（Clare Hull）寫了《催眠和啟示》（*Hypnotism and Suggestibility*），使催眠學第一次在近代科學下被認真的研究和觀察。之後，有關催眠的書籍如雨後春筍一般出現。從此，催眠的研究和臨床應用，轉移到世界著名大學和醫院裡進行。

　　第一次世界大戰期間，由於戰爭影響，戰後許多士兵產生了神經質症狀，如炸彈驚魂症等，影響日常生活及身心健康，所以必須迅速治療，以免惡化。佛洛依德的心理分析療法，因需時過長而不適合。醫生即應用催眠方法，即催眠後精神發洩法來治療，讓士兵被催眠後盡量發洩出內心的恐懼和障礙，以消除情緒上的負面影響。當士兵處在催眠狀態中，啟示他們緊張與恐懼的戰爭陰影時，好像香檳酒瓶瓶蓋被打開一樣，不安的精神全部噴發出來了。這種療法得到很好的效果，而且沒有副作用。第二次大戰後，也同樣用這個方法治療復原的士兵。

　　1949年，美國正式成立臨床和實驗催眠學會。不久，加入的會員遍及全世界。1955年，英國皇家醫學會又成立了一個新委員會研究，正式批准醫學催眠療法，可以應用於臨床治療人的身心疾病。1958年，美國醫學協會正式推薦醫學催眠療法，列入大學

醫學院課程。從此，許許多多的醫生包括內外科、牙科、婦產科、小兒科和癌科等，都學會了醫學催眠療法，應用在臨床治療方面，幫助和促進病人恢復健康。同時，全球所有的大教會（包括天主教和基督教），也正式承認醫學催眠療法的價值。經過兩百多年的努力，催眠療法醫療價值終於被醫學界肯定，並被允許與現代醫學療法同時用來治療人類的身心疾病。

　　1964年，東德首先應用催眠方法，來增強奧林匹克運動員的能力，接著蘇聯和美國也應用催眠方法來訓練奧林匹克運動員。1975年後，幾乎每一個國家都應用催眠方法來訓練他們的奧林匹克運動員。現在世界上所有頂尖的運動員與運動心理學家，都知道當身體運動機能相等的狀態下，精神的準備和強大的意志力是決定勝敗的關鍵。

　　現在，世界上每個文明國家，都在對催眠療法進行有系統的研究。可惜的是，很多國家沒有法律規定管制，任其自由發展與應用。因為催眠的力量十分強大，適當應用可以治療許多身心的疾病，如不適當應用或操在別有用心的人手裡，則具有危害性，許多人披著神秘的外衣，利用江湖催眠術招搖撞騙，對人類的健康造成很大的損害。加上催眠的歷史眞眞假假相互交替，以及江湖術士的欺騙，一般人對催眠學仍然存有誤解和偏見，害怕其神秘性及不良的後果，使現代醫學催眠療法的進一步研究和發展出現了障礙。

　　最後，希望新的催眠治療師，本著天理良心、倫理道德和熟練的技巧，正當的應用這個治療方法，來爲人類的健康事業做出貢獻。

第二章
催眠是怎麼一回事？

你被催眠過嗎？

你是否曾經被催眠過呢？大部分的人都會回答：「沒有。」這樣的回答是錯的。事實上，幾乎所有的人都經歷過催眠狀態，只是自己沒察覺而已。成千上萬的人每天都注視著強烈的電視螢光幕，被間接的隱性催眠啓示操縱著。多少隱暗性的潛意識誘勸商業廣告，被我們的潛意識所吸收與接受。什麼減肥丸、營養補品、鎮痛劑、止咳水和睡眠藥等，深深地烙入我們的頭腦裡，影響著我們的身心健康。你看電視螢光幕的鎮痛廣告，它具有很強的啓示力量，可以訓練你的頭腦感應到痛覺，甚至當你感覺很好的時候。

在日常的生活中，我們不是不知不覺地接受別人的啓示，就是自己啓示自己，社會中各種各樣的啓示，每天都轟炸著我們的頭腦。廣告商都懂得催眠的其中三個要素：（1）身心放鬆、（2）精神集中、（3）啓示。這就是說，讓我們身心放鬆地坐在

電視機前，精神集中的注視著螢光幕，並聚精會神的吸收著廣告的啓示。在這個時候，我們進入了催眠狀態或潛意識狀態。這是非常重要的關鍵，所有的啓示就在這個時候發揮力量、增強，並被潛意識所接受。你注意到商業廣告每天都要重複很多次嗎？這是催眠的第（4）要素：重複。重複，可以加強啓示的作用，最後深深牢記在我們的潛意識裡。現在，不論白天或黑夜，每時每刻，報紙、媒體、廣告招牌、電台和電視等的商業廣告，都把一些有害的習性或不健康的東西，深深地刻入人們的潛意識裡。

你是否曾經被白日夢所吸引，而沒有覺察到周圍發生的事情？你有否閱讀過一本小說太入迷，或全神貫注做事情，或被某種嗜好所吸引，而聽不到有人與你說話，也沒覺察時間過得很快呢？還有，你在高速公路上駕車，心中想著別的事情，不知不覺的已經過了出口。以上所有的狀況，都是進入了類似催眠的境界。

在兒童時代，我們大多數人都做過白日夢，對於一個小孩子來說，白日夢猶如眞實一樣，想像中的事情代替了事實的存在，這就是一種原本的自我催眠。在成年時代，仍然有不少人偶爾還做白日夢，有時「心神出竅」，或「心不在焉」，生活在自我的世界中。你知道，新生嬰兒的母親，雖然在雷雨交加與交通繁忙的夜裡睡著了，但她卻能夠聽到隔壁房間裡的嬰兒輕微的哭聲，而立刻覺醒過來。母親是眞的睡著了，還是她的頭腦裡某一部分仍然醒著？在日常的生活中，我們能夠同時自動做兩件事情而不會混亂，例如，婦女雖然一方面手織毛線衣，一方面看電視或與別人聊天，但也不會穿織錯誤。

催眠是精神高度集中、專注在某一件事情上的反應結果。有

人說，催眠好像是睡覺一樣，這是催眠的對象在接受催眠啓示後所產生的一種狀態。潛意識內心活動世界隱藏在醒意識層面下，等待著我們去發現，那就是催眠中的世界。

催眠是醒意識狀態的改變

　　我們從另一個角度來看催眠，它是醒意識狀態的改變。例如，一個人被催眠後，身心極度放鬆的坐在沙發裡，你告訴他剛剛跑完了幾公里的路程，這時他的心臟和脈搏都會加快，同時呼吸也會急迫，他會眞的覺得已經跑了幾公里的路程。但事實上，他是舒適輕鬆的坐在沙發裡。

　　還有，一個被催眠後的人，你啓示他正在高空中的傾斜鋼絲上行走，他不但會幻想急速滑下的恐怖危險，而且心跳猛烈加快，覺得整個身體幾乎到達了死亡的邊緣。對於一個心臟衰弱或高血壓的病人，這個死亡的威脅，有可能會導致眞正的死亡。此外，更有趣的是，有一群心理學家曾對一位死囚做心理與死亡關係的實驗。實驗開始的時候，將囚犯的眼睛用布蒙住，告訴他要用一種特殊的方法處死刑，即割他的手腕動脈放血，當血流乾的時候他的生命就會結束了。實驗開始，先用一張硬紙在他的手腕上輕輕地割一下，事實上，根本沒有割傷。然後，用一個水壺裝滿了與體溫相當的溫水，在靠近他手腕的部位倒下，使他感覺到流血了。同時在床邊故意放著一個金屬容器，讓水滴落在容器中，滴滴有聲。剛開始的時候水流比較大，他也聽到落在容器中的聲音較大，好像是血流如注，於是，他感覺到自己的血液已大量的流出來了。然後慢慢的水流變小，滴落的聲音也越來越小，

他以為自己的血液快流光了。最後，漸漸的變成一滴一滴流下，甚至好久才滴下一滴來。他聽著逐漸變慢的滴血聲音，不久之後，他就休克死亡了。這是典型的醒意識狀態改變所產生的結果！

催眠是潛意識接受啟示

在日常生活中，我們不是不知不覺中被別人啟示，就是自己啟示自己，都會對身心健康產生相當的影響。例如，有一天，當你遇到的每一個人都對你說：「哎呀！今天你看來很不舒服的樣子，應該留在家裡休息啊！」很快你就會真的感覺到不舒服，而且很想留在家裡休息。相反，如果每一個人都對你說：「啊，今天你看來精神很好！」在你的外貌、態度和舉止都得到人們的稱讚，你的內心就會立刻覺得很愉快，即使那天你真的有點不舒服。相同的道理，可以應用在催眠治療的過程中。當你處在催眠狀態時，如果催眠治療師給你潛意識正面的啟示，你就會做出適當的反應，這反應將影響你的感覺、想法、認知，以及人生的態度。當你的潛意識做出良好決定，必須改變你自己的時候，你就會開始掌握與主宰自己的生命了。

現在，我們可以從下面兩個例子，來進一步了解催眠的反應。第一個例子：一個已被催眠的人，如果你給他一杯清水喝，卻告訴他這是一杯白蘭地，他不但接受它是真酒，而且還覺得酒味香濃；如再進一步的啟示，他就會如痴如醉，最後醉倒在地上。相反的，如果你給他一杯白蘭地，告訴他這是一杯清水，他也會接受它真的是一杯清水，喝下去的口感就如清水一樣，但是

他同樣也會醉倒在地上，不過這一次是真的醉倒了。第二個例子：一個被催眠的人，如果你給他特別的啟示，可以使他的身體和手足變成「僵直」狀態。這種啟示經常用於舞台表演，舞台催眠表演師就經常用這個方法，把被催眠後而變得僵直的人，將他的頭放在一張椅子上，雙腳放在另一張椅子上，身體整個架空，催眠師跳上他的腹部，在上面走來走去做一些如跳舞等的表演動作，但這位被催眠的人竟然沒有絲毫反應。這是催眠常見的反應現象之一，因為戲劇效果很好，非常吸引觀眾。

俄國沙皇時代的一位著名魔術師拉斯普丁（Rasputin），他經常娛樂皇室，除表演魔術外，還擅長催眠術，被稱為神秘大師，經常被皇室邀請娛樂嘉賓。有一次，他把站在宮廷門口和皇家花園中的衛兵催眠，使他們變成了各式各樣不同的僵直形狀，令國賓看了捧腹大笑！許多大臣和皇家貴族對他又尊重又懼怕，因為他對沙皇的影響力是使用催眠術的結果。

事實上，我們不論被催眠與否，身體都有能力承受這樣的表演，只是在醒意識狀態下，我們會很小心的考慮是否會造成不舒服或傷害，甚至引起內部器官損傷，因此，我們都會拒絕接受這樣的表演。但是在催眠狀態中，我們的潛意識會接受舞台催眠師的指令，而不理會自己身體的承受力，只管盲目的服從。往好的方面想，只是身體在第二天有點瘀傷而已；往壞的方面想，它可能引起嚴重的內傷。這是一個具有危害性的愚人表演！很不幸的是，對於觀眾來說，具有很高的娛樂價值。所以，第二個催眠例子我們是絕對不能嘗試的。

也許你會問：為什麼舞台催眠表演師會吸引成千上萬的觀眾呢？首先，是主辦者廣泛利用新聞媒體、電台和電視等，在催眠

表演師未來之前大肆宣傳，說某某催眠大師具有神秘的力量，將來此地表演舞台催眠術；其次，是因為人們從奇幻小說、戲劇和電影等描述渲染，都覺得催眠很神秘；再者人們有追求和探索神秘的好奇心。於是，在表演的當天，當觀眾大量雲集時，催眠師就開始在觀眾之中，徵求自願者上台接受催眠表演，在眾多的自願者中，他會先做簡單的可催眠性實驗（實驗方法容後詳細說明），選擇適合催眠的對象。

我們知道，90～95％的人第一次就可以被催眠，而其中10％的人，甚至可以進入深度催眠。然後，他就從中挑選出真正可被深度催眠的人上台表演。這些人很快就會進入催眠狀態，按照催眠師的啟示，扮演一些動物的動作，如貓叫、狗吠、青蛙跳、雞啼和牛馬吃草等動作，甚為滑稽可笑，逗得觀眾笑得前俯後仰，拍手叫好，觀眾得到期待的娛樂性，表演者也財源滾滾。

你曾否真正看過電視上催眠表演的鏡頭呢？沒有，因為催眠表演師從來不讓觀眾看到催眠的詳細過程，觀眾所看到的只是催眠的結果而已，即催眠師的手指一動，口數：「1，2，3」，人就被催眠了，不是嗎？至於江湖催眠術，可以無師自通，多被邪教或別有用心之人所用，他們多披著神秘的外衣，身穿金光閃閃五顏六色的錦袍，胡言亂語，鼓吹神秘荒誕之說，製造恐懼，誘惑迷信，妖言惑眾，宣揚自己具有神秘的力量，可以給人們身心靈平安與寧靜，以控制人的精神，欺詐斂財。事實上，在工商業社會，大部分人由於工作繁忙，精神緊張和壓力，往往會引起許多的症狀或疾病，為了追求身心靈的片刻寧靜，不惜付出代價，以求神秘力量的安慰。因此，離奇怪異的所謂「神秘大師」興起，使人走火入魔，嚴重影響人們的身心健康。

催眠時，醒意識分析推理能力會被封閉

　　我們的思考方式，經常被別人的啓示或自我啓示所影響，使我們的認知和感情產生變化。在醒意識狀態時，我們已經很容易接受啓示，在催眠狀態時更容易接受啓示。這就是催眠能夠發生作用的原因。爲什麼呢？因爲被催眠的時候，我們的醒意識被改變，進入潛意識狀態。在這個時候，具有分析和推理能力的醒意識，就被暫時封閉或停止活動。所以，每一個啓示和每一個信息，都可以無條件進入潛意識並被接受，做出相關的反應。

　　因爲潛意識沒有判斷和推理的能力，所以接受所有的啓示爲真實。例如，現在我告訴你，「這個室內溫度漸漸的變冷，正在漸漸的變冷，你可以感覺到正在變冷。」你會想一想，然後說：「哎，我沒有覺得變冷。這到底是怎麼一回事呢？這不是在騙人嗎？那不是真的變冷，可能有些人站在門口被風吹的緣故。現在讓我們來用溫度計測量一下溫度，看看它是否真的變冷。」你這樣做，是因爲你是在醒意識之中，你運用推理分析的方法，求證溫度變化的事實。

　　但是，如果你是處在催眠狀態中，我告訴你的潛意識同樣的事情：「這個室內溫度漸漸的變冷，正在漸漸的變冷，你可以感覺到正在變冷。」的時候，你的反應就會不一樣了。你的潛意識就會全部接受我的啓示──「這個室內溫度漸漸變冷，你可以感覺到變冷。」──爲事實。這時，由於你醒意識的分析和推理能力已經消失，結果你開始覺得冷，漸漸的變冷，不一會兒，你整個身心的反應，就像真的在冷室中一樣，會冷得發抖。只有那些

沒有被催眠的人，用醒意識的推理和判斷，看見你那冷得發抖可笑的樣子，會說：「哈哈！那不是一件很可笑的事嗎？」

還有，你曾經聽說過，大陸一位有名的氣功師在北京電台表演時，那些遠在新疆和海南島的觀眾，也會感應到氣功師發出的所謂「功力」嗎？就是這些人具有高度接受催眠啟示的結果。大家還以為那名氣功師真的具有那麼大的力量呢！事實上，是處在催眠狀態時，你的醒意識分析推理和判斷能力，已暫時被封閉或消失的緣故。這就是我們的潛意識，它能夠相信許多不一定是真實的事情。這也就是催眠啟示療法能夠發生作用的原因。在這種狀態之下，啟示所發生的力量要比在覺醒時強大得多，不論對身體和心理的健康都會產生很大的影響。

揭開催眠的神秘面紗

要真正了解催眠的原理，首先必須明白人類頭腦活動的情形。現代的腦神經科學家，應用先進腦神經影像掃描技術，對腦部結構進行深入研究，已從醫學的觀點揭開了催眠學之謎，發現了人腦中樞具有制動催眠之機構，即人腦活動具有四種腦波形態。

人的頭腦裡有10^{12}到10^{15}個神經細胞，多如銀河系裡的群星。神經細胞能夠傳導腦電波每小時約400公里。腦電波是腦神經所放出的、具有周期性的電流，利用腦電波描記儀器（EEG），可以測出腦波有以下四種型態：

1.β波形（每秒13～24Hz，可高達40Hz）：這是完全醒意識的腦波狀態。人每天約16小時處在這個狀態之中，在這期間，

我們75％的醒意識、用於調節和控制身體的各種正常功能，25％
的醒意識則用於思考分析、感知以及確定行動等。

　　2. α波形（每秒7～12 Hz）：初步進入潛意識（Sub-
consciousness）的腦波狀態，也是身心放鬆或淺度催眠的階段。
靜觀、想、禪修、氣功、白日夢、進入自然睡眠和睡醒之前，都
屬於這個狀態，這也與人全神貫注地閱讀小說或聽音樂入迷的情
況相似，雖然知道旁邊有人說話，卻無意識去聽清楚說話的內
容。在這個狀態下，我們的精神集中效率可高達95～100％，大
大的超越於醒意識狀態的25％。我們潛意識之門可以開啟85％以
上，使我們能夠進入自己的內心深處，與自己的潛意識溝通，對
催眠治療啟示具有高度的接受性，並且保持著覺醒的狀態。

　　3. θ波形（每秒4～6Hz）：這是無意識狀態的一部分，或處
於深度身心放鬆和催眠狀態的腦波。在這個狀態下，人的意識形
態改變，從醒意識完全進入了潛意識，是人們靈感湧現和創造發
明的境界，類似所謂超能力的能力就會開始作用，使作家、藝術
家和音樂家閃耀出才華與靈感，創造出優美的作品；使科學家和
發明家能夠突破邏輯推理的思考，湧現出取之不盡的創造泉源，
做出貢獻人類的發明與創造。

　　潛意識是生命的源泉，包含了希望與想像，我們的腦部就在
這個狀態出現影像，同時右腦的活動力增強，能夠感覺到宇宙訊
息的波動。雖然，人在精神分裂、酒精或麻醉藥中毒時，也會出
現幻聽、幻覺的影像，但它與正常的催眠狀態下所出現的影像不
同，它是因為腦部受損或腦神經荷爾蒙多巴胺釋放過多所引起
的。一般的人會在這個腦波層次中做夢，同時進入快速動眼期
（REM），這也是人們高度接受啟示和治療康復的階段。許多

癌症病人，在這個狀態下給予適當的治療啓示，可以激發出強大的內在潛力以及堅強的求生意志，對癌症治療有很大的幫助，甚至消除癌症。這種現象，科學家稱之爲「自然消除」，現在十分受到科學家的重視，已不斷從精神醫學、身體醫學，以及心理神經免疫學領域去研究這種自然療癒的過程。

4.δ波形（每秒0.5～3Hz）：這是進入深度自然睡眠的狀態，是頭腦休息、復原與更新不可缺少的階段，也是治療康復必需的階段。這就是爲什麼我們生病的時候，需要足夠睡眠的原因。這是很重要的睡眠階段，我們每晚睡覺都需要進入這個狀態（約30～45分鐘），否則睡眠會被剝奪。在這個狀態下，人沒有作夢，也不接受任何啓示。這是睡眠的最後階段，然後逐漸地向著甦醒階段進行，完成一個睡眠周期。可見自然睡眠與催眠是完全不同性質的兩件事情。

因此，現代腦神經學家對催眠學賦予新的定義是：催眠是人的身心深度放鬆，腦波變成 α 及 θ 波型，從醒意識進入了潛意識的狀態。因此，催眠是醒意識形態的改變。見圖2‧1催眠的層次圖。

揭開間腦與邊緣系統的奧秘

現代的腦神經科學家，也同時揭開了間腦與邊緣系統蘊藏的奧秘。這個特別的區域包括丘腦、下丘腦、腦下垂體、海馬體，以及杏仁核等結構，它分泌奧妙的神經傳導化學物質或抗壓力荷爾蒙，例如血清素、多巴胺、腎上腺素、正腎上腺素等，使人能夠應付緊張壓力或危險，並控制著免疫、睡眠、記憶、食慾、性

圖2・1　啓示通過分析推理的能力界限進入潛意識

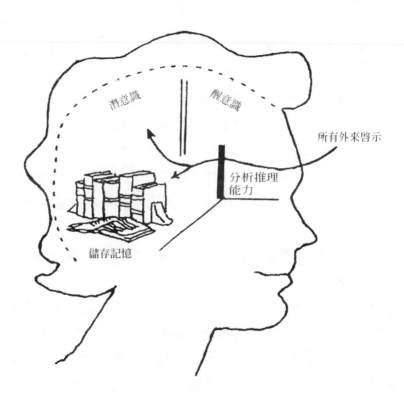

慾、思想、學習、喜樂、循環、呼吸、生殖和內分泌……等系統
功能。

在催眠狀態中，可以調節與增強間腦及邊緣系統的功能，使
神經傳導化學物質或神經荷爾蒙的分泌增加。

腦內啡的神奇作用

在催眠的狀態中，人腦中樞神經分泌特殊化學物質如內啡
呔，又稱腦內啡，具有神奇奧妙的作用。這種腦內啡的止痛能力
超過自然嗎啡200倍之多，是人體內部主要的止痛系統。這就是
催眠能夠止痛或應用於麻醉手術的緣故。它不但可以強烈止痛，
而且還可以調和人的性格與情緒，加強呼吸系統功能，消除壓
力、恐懼與憂鬱，使身體肌肉鬆弛，心情喜樂。在催眠的狀態
下，可以增加腦內啡的分泌，使人的身心感覺到舒暢、平靜與安
寧。

世界上有許多大地震帶（包括台灣），在發生強大的地震後
（如九二一大地震），經常會造成重大傷亡，其中有不少被壓而
沒有死，被搶救過來的人。科學家向這些人進行調查（包括突然
意外死亡而又復活的人），詢問他們在死亡前的一剎那（或在死
亡狀態時）有什麼感覺？他們都一致回答，感覺到有一種特別的
感應，即人處在死亡前的一剎那，不但沒有害怕的感覺，而且剛
好相反，突然產生一種解脫感和潛在的興奮。有一些人覺得自己
的身體一下子沒有束縛了，很輕、很美妙的飄浮在太空中。還有
一些人，看見一條發光的隧道，他們沿著它走向另外一個奇妙的
空間。真的，所有的人在面對死亡時都有一種解脫的興奮感，沒

有任何痛苦的情緒。

　　這到底是什麼原因呢？美國太空總署的科學家曾做實驗研究，發現在高速旋轉失重而產生昏迷的人，與面臨死亡或死後又復活的人，具有完全相同的感覺。科學家分析結果發現，這與腦神經中樞分泌大量的神經傳導物質或神經荷爾蒙腦內啡的神奇作用有關。這種腦內啡具有強大的鎮痛作用，使人不但沒有痛苦感覺，還會產生興奮的感覺。同時，又因為這些人的腦部缺氧，腦中樞視覺神經就出現類似時光隧道的影像。

左右腦有不同的功能

　　科學家早就發現左右腦的不同功能，影響著人的思想、感情與行為。右腦的主要功能是負責創造、想像、靈感、直覺、感情、認知、做夢、所有內在感應、視覺形象化、影像式記憶、文學藝術與音樂，以及接受外界訊息或波動，通過腦神經纖維傳遞給左腦。實驗證實，人類右腦是以想像或影像處理訊息的腦。影像是指通過眼睛、耳朵、鼻子及皮膚等感覺器官進入人體的外界刺激變成電子訊息，進入右腦傳譯出能被理解的影像形式出現，傳遞給左腦加以分析與理解，並以語言或文字的方式表達出來。左腦的主要功能是接受右腦傳遞的訊息，加以分析、判斷、理由化、邏輯思考、語言表達、做出決定與行動等。

　　潛能與智能、靈感與創意，以及催眠啓示療法效應等，都與右腦的活動功能有關。在催眠啓示的狀態下，右腦的活動功能增強，意識能夠高度集中，想像力更加鮮明，靈感更加豐富，可以看見或感覺到宇宙訊息的波動或能量，進行影像處理。經常練習

自我催眠啟示的人，可以增強右腦潛能及影像記憶能力，增強你的自然能力以及發揮想像力。

催眠狀態相當於中國氣功的靜功意境

中國氣功，尤其靜氣功，特別注重調息、調身、調心及鬆靜。早在2500年前，老子就在他的著作《道德經》裡，提出了調息與鬆靜養生的方法。他細微而深刻的描述對鬆靜養生的體會和感覺。他深切體會到進入鬆靜之後，身心感覺非常的舒適與奧妙，猶如進入飄飄欲仙境界。

老子在靜觀中，即相當於自我催眠的狀態裡，進入了恍恍惚惚、飄飄冉冉之意境，他的腦海裡湧現出靈感、影像與創意，閃耀出真知灼見，使他悟出了深奧的道理來。難怪孔子拜訪他後提出深刻的感想：「朝聞道，夕死可也。」老子描寫「道之為物，惟恍惟惚。惚兮恍兮，其中有象。恍兮惚兮，其中有物。窈兮冥兮，其中有精。有精甚真，其中有信。」這句話的意思就是說，「道」是一個沒有固定形體的奧妙東西，它恍恍惚惚的存在著，恍恍惚惚之中又具有形象，那存在是那樣的深遠與奧妙，深遠與奧妙之中又包涵著非常細微的精氣。這非常細微的精氣，表現得最為具體、最真實。這是老子以清靜、無為與自然觀想入靜後的收穫，即達到返觀內照，止念忘情，心如止水，內觀其心，心無此心，外觀其形，形無其形，遠觀其物，物無有物的自我催眠境界。

老子不但對靜功（自我催眠）深刻體會，而且也提出了一套練習靜功的方法。他指出要進入鬆靜，首先要與呼吸相配合，即

呼吸要做到「綿綿若存，用之不勤」，「虛其心，實其腹」，以及「專氣致柔」，即要做深緩的腹部呼吸，意守丹田，還要專心吸氣，致力鬆柔。同時要「滌除玄覽」，「塞其兌，閉其門，挫其銳，解其紛」等，就是要進一步的消除雜念，塞住知識思考的穴竅，關上知識思考的大門，不露鋒芒，超越糾紛，才能進入靜觀，以及達到鬆靜養生，促進身心健康的目的。

研究者指出，深長而緩慢的腹部呼吸韻律，可以使人的身心深度放鬆，腦波降低進入 α 和 δ 波型（即催眠潛意識狀態），降低體內器官的活動和新陳代謝率，緩和心跳，降低血壓，使身心達到深度平靜和安寧的境界。呼吸鍛鍊對自主神經系統的機能具有一定的調節作用。深長而緩慢的呼吸，可以減少焦慮與恐慌的情緒，雖然運用傳統藥物可以控制焦慮與恐懼的襲擊，但經常都會產生副作用及成癮性。情緒與呼吸的關係，在《皇帝內經‧素問》舉痛論裡也有說明：「怒則氣上，喜則氣緩，悲則氣消，恐則氣下，……驚則氣亂，……思則氣結。」這就是為什麼發怒時會呼吸急迫，而突然受驚時呼吸會片刻停閉的原因。因此，當一個人能夠做深長而緩慢的呼吸時，是很難出現焦慮與恐懼情緒的。

老子在著作中反覆強調，要養生及延年益壽，就要練習鬆靜功夫。他的這個見解被中國歷代養生家甚至道家、儒家所繼承，如莊子、孫思邈、蘇東坡、歐陽修、白居易及陸游等大文學家，他們都經常練習鬆靜養生的功夫。尤其蘇東坡，在潛心鍛鍊靜功後描述其好處說：「其效初不甚覺，但積累百餘日，比之服藥，其效百倍。」可見鬆靜功夫必須經常的練習，持之以恆，才能夠得到良好的效果。

　　至於孔子的學生顏回也擅長於靜坐。這在《莊子‧大宗師》裡有所記載，「顏回曰：回坐忘矣。仲尼蹴然曰：何謂坐忘？顏回曰：墮肢體，黜聰明，離形去知，同于大通，此謂坐忘。」這就是顏回進入了自我催眠的定靜與忘我境界。人處在這個境界之中，可以進入比知識與經驗更高、更豐富的層次。正如孔子在《大學》裡所說的，「知止而後能定，定而後能靜，靜而後能安，安而後能慮，慮而後能得。」也就是進入自我催眠的定靜境界後所得到的正面效果。

　　中國的氣功經過幾千年獨特的文化薰陶和運用，已經融入佛家、道家和儒家的哲理之中了。以現代醫學觀點看氣功，它相當於現代醫學的催眠啓示療法；也相當於現代醫學所提倡的身體與精神醫學。氣功具有中國特色，應值得繼承、整理、研究與發揚，通過臨床實驗，為人類健康做出貢獻。

　　此外，腦神經學家還發現，音樂、舞蹈和語言等也能使人進入催眠狀態。例如每分鐘56～60節拍或結合人腦波型的音樂，專心靜聽後可使心跳和腦波緩慢，與音樂節奏和諧，進入身心放鬆與催眠的境界。在舞蹈方面，例如非洲和巴西土著民族的宗教祭典儀式或拜圖騰等，人們配合著粗獷的鼓聲與單調的音樂，經過一陣子重複的狂舞後，也能漸漸的進入催眠的狀態。這時甚至還有人能赤腳走過火炭，或將鐵絲穿過臉頰而不覺得痛，因為腦神經分泌大量止痛的腦內啡。在語言方面，如不斷的重複單音字或單一句子（例如「一」或「安」字），或道家默念六字真言周天法，或佛家默念《觀音真經》的前六個字等，再加上身體不斷重複搖擺動作，不論是站著或坐著，也都能使人進入催眠的狀態。

獨一無二的催眠方式：自我催眠

　　這裡值得特別提醒的是，許多催眠專家一致認為，世界上只有一種催眠方式——自我催眠。也就是說，所有的催眠都是自我催眠，就是你自己催眠自己。催眠的力量之所以能夠產生，是因為你精神高度集中以及想像力高度發揮的結果。催眠師只是幫助你進入催眠狀態而已，只有你，再次強調，只有你自己同意和接受催眠啓示，才能進入催眠狀態。那是你自己努力催眠的結果，如果你不願意被催眠，沒有任何人能夠催眠你的，因為你的內心防衛機能可以阻止一切催眠啓示的輸入。雖然，催眠師可以給你啓示和指導，但不能強迫你進入催眠狀態。在整個催眠過程中，可以說你是自己的主人，你完全能夠控制自己，沒有任何的理由，你不會將自己的自然力量投降給催眠師的。

　　催眠療法的力量到底有多大呢？目前尚不十分清楚，因為不能放在顯微鏡下觀察它的大小，也不能置於天平上衡量輕重。我們都知道，精神潛力的存在以及催眠療法能夠產生的良好效果。它不像細菌微生物等一樣，可以在實驗室裡培養，放在顯微鏡下觀察，用抗生素來衡量和測定某種傳染病可被控制及治療的程度。催眠療法是否能夠發生療效的條件，一方面是決定於催眠治療師熟練的技巧和正確的啓示；另一方面（也是最重要的條件），是決定於病人對治療啓示的接受性。如果病人不願意接受啓示或治療，沒有任何一位治療師可以把他的病治好的。

常人對催眠療法的誤解

　　雖然，催眠術之謎已經揭開了，但仍有不少人對催眠存有很多誤解。許多從未被催眠過的人，他們只從小說、電影以及舞台表演裡，了解到催眠的外在現象，而一般人都認為催眠術只是用來娛樂觀衆和賺錢而已。在一個人未接受催眠療法之前，我們最好能夠正確的提供催眠相關資料，幫助他消除對催眠的誤解，這樣才能夠促進催眠的療效。以下是一般人對催眠最常見的誤解：

　　1.認為催眠師具有一種神奇的力量，可以任意的控制他人：這是最常見的一種誤解。因為很多人對舞台催眠表演的印象難以磨滅，看見催眠師似乎完全能夠控制自願者，可以命令他們乖乖的做貓叫、狗吠、雞啼以及牛馬食草等動作。這種催眠的神秘感，對於想要接受催眠療法的人是很大的阻礙。事實上，催眠師沒有任何神秘的力量，他只是掌握了催眠的技巧和啓示的藝術，給自願者巧妙的啓示而已。他知道，自願者是自己催眠自己，自己發揮想像力，他只是教他們如何做罷了。

　　2.認為被催眠後的人，會減弱他們的意志力並降低他們的道德標準：確實，一些缺德的催眠師，對於早已存在說謊、偷竊、倫理道德墮落、犯罪傾向、反抗社會心理的人，會在催眠狀態下，暗示他們的潛意識接受並增強這種不良或犯罪傾向。例如，1998年11月《法醫學雜誌》（ *Journal of Forensic Science* ）刊載了一位精神學家的有趣文章，這篇文章指出希特勒盲目的相信，自己是天生下來要統治世界的奇人。他的這個意念，可能在1918年芥子氣（ mustard gas ）中毒時產生，並且在醫生應用催眠啓

示療法後增強。因為希特勒的潛意識裡，早就存在著這種統治世界想法。還有，被催眠的人往往害怕會失去自我控制能力，說出自己的一些秘密或做出一些不願意的事情來。事實上，一個正常的人即使在催眠的狀態中，也不會說出違反自己意願的話，或做出不符合倫常的事情來，他是絕不會接受這種暗示的。因為人具有良知良能，有能力去選擇自己喜歡接受的啟示，同時棄絕一切不正當和違背做人道理的暗示。雖然，催眠療法可以使人發洩內心創傷的情緒，但是只有他本人願意才可以做到。如果催眠師做出不當的啟示，在通常的情形下，催眠對象馬上就會拒絕，立刻張開眼睛回復到覺醒的狀態。

3.認為催眠是把人推入深熟的睡眠狀態，而不能覺知周圍所發生的事情。事實上，催眠不是睡覺，它與自然的睡眠不同。其中最明顯的差別是腦波圖形，如 α 腦波（8 - 12 hertz/sec），在人將昏昏欲睡時消失，但卻存在於催眠狀態之中。δ 腦波（0.5 - 3 hertz/sec），它出現在自然深熟睡眠中，而不存在於催眠狀態的時候。θ 腦波（4 - 6 hertz/sec），則在催眠狀態中出現，卻與自然睡眠階段的腦波無關聯。因此，催眠不是睡覺，更不是不知人事。相反的，在催眠時，注意力會更加的集中和加強，能夠聽到和明白催眠治療師所說的一切。因此，可以說催眠是一種覺醒和身心放鬆的狀態。如果發現人在催眠過程中睡著了，那是因為他的身心極度放鬆後，內心想睡覺的結果。他醒來時，身心會覺得非常的舒服和寧靜。如果當人真正睡覺時，進一步啟示和治療將無法進行。

4.認為容易被催眠的人，是弱智的人。事實是聰明、智慧和想像力豐富的人，才是最容易被催眠的人，因為這些人容易接受

啓示。同時，那些精神能夠高度集中和積極進取主動的人，也是最好的催眠對象。習慣服從紀律的人，如士兵、警察、神父、修女等，也容易接受催眠。相反的，智能較低、庸弱和精神不正常的人，是最難被催眠的對象。口吃的人，也不容易被催眠。在內心深處害怕被催眠的人，或擔心催眠後潛意識會暴露自己秘密給別人的人，也不容易被催眠。

　　5.很多人害怕被催眠後不能夠醒過來，將維持長期睡眠狀態；或者擔心自己處在催眠狀態時，如果催眠師突然心臟病死亡，自己將會永遠不能醒了。事實上，你處在催眠狀態時，就好像專心閱讀小說或看電影入迷一樣。換句話說，只是你的注意力高度集中而已。從來沒有一個人會長期處在催眠狀態中。你想停止催眠，完全決定於你自己的意願，最簡單的方法，就是張開你的眼睛就行了。不論如何，你是會自己醒過來的。在世界上，從來沒有發生人被催眠後不能醒過來的。

催眠是否有危險呢？

　　此外，還有很多人擔心，催眠會發生危險。催眠是否有危險呢？如果你問大多數的催眠師，也許他們都會回答，「沒有危險。」這樣的回答也不完全真實，的確，它也存在著一些危險，我們是應該了解的。如果我們說催眠有危險，那麼危險究竟是什麼呢？我認為，再沒有什麼比「無知」或「忽略」更危險了。

　　在人類的生活中，危險的因素隨時存在。許多人從出生開始，就有痛苦和損傷的可能；在生長的過程中，可能會面對著更多的危險。我們即使是騎腳踏車也有跌倒的危險；駕駛汽車更可

能有意外發生。我們做任何事情都可能有危險！如果危險只是指身體的傷害，那麼我們只要藉醫學的檢查就可以證實了。但對於巫術、迷信或吸血鬼的幻覺等，致使心靈或精神產生嚴重傷害，卻需要長時間的觀察才能夠知道。

　　一般人對催眠的了解，認爲只是「催眠師與病人兩個人之間的關係所產生的力量」而已。眞正的力量在催眠中產生，不是來自於催眠師，而是出自催眠對象的內在潛力。這並不難於理解，如果你問我是否相信巫術或巫醫，或毒咒或卜卦害人等現象，或用針扎入小布袋人的頭或心會令某些人覺得傷痛？在這裡，我不會毫無條件的回答：「信」或「不信」。我必須先做聲明：如果我回答：「信」的話，那是因爲有時它眞的能使人生病或甚至死亡；如果我回答：「不信」的話，那是我不相信有任何神秘的力量會存在於巫術或巫醫之中，能夠在人的內心之外發生這樣的作用。我特別難於理解，生活於文明社會的人會相信這樣的事情。

　　上述事件能夠產生作用，是因爲人們相信它的緣故。我不相信任何巫術或魔術會存在這種力量，我更不相信科學時代，人的內心會受到這種干擾。催眠的力量，只是存在於催眠對象的內心中！再次強調，催眠力量的產生，是我們內在的潛力，在催眠狀態中被啓示所激發或復活的結果。大多數誠實的催眠師都承認，所有一切催眠都是自我催眠。也就是說，催眠本身並不能使我們做任何事情，而是當我們的潛意識接受了催眠啓示後，才去行動的。它完全決定於我們內心潛在力量的作用。

　　在此應指出，催眠也並非絕對的安全可靠。下面舉一些催眠可能發生危險的例子：

　　1.最大的危險是來自催眠師濫用催眠術，而不是催眠本身。

1894年9月14日，一位19歲的匈牙利女孩子艾拉（Ella Salomon）就死在催眠狀態中。這位可憐的女孩子，長期精神衰弱產生幻覺現象，曾接受兩位精神科醫生治療，效果不錯。後來不知道爲何又被一位江湖催眠師治療。這位江湖催眠師法蘭茲（Franz Neukomn），他不知道精神衰弱的人會產生幻覺現象，誤認爲這位女孩子具有「靈媒的能力」，想要做催眠表演，叫她表演傳心術和千里眼。當很多觀衆面前，法蘭茲將這個女孩催眠之後，就告訴她，她的靈魂將離開她的身體，被送到一個很遠的鄉村，去尋找一位病人的資料，他說：「我現在要送你的靈魂離開你的身體。」這位女孩立刻對他命令似的暗示產生了反應，開始震動而呼吸急迫困難，說話不清。這些症狀已經很清楚的表明，他的暗示命令已使這位女孩子產生極強烈的情緒反應，應該停止催眠實驗了。可是，法蘭茲繼續命令她的靈魂出竅，因此她立刻死於催眠狀態下。法蘭茲做錯了兩件事情：第一，他用命令暗示方式，使得這位女孩子產生極大的恐懼；第二，他沒有及時發現事情不對，反而繼續命令她要服從，不管她是否願意和不舒服。這也就是舞台催眠表演時，經常會發生不良後果的原因，因爲舞台催眠師利用權威的方法，給自願表演者一些負面暗示，使自願表演者服從他的命令，做出一些醜陋的動作來，以娛樂觀衆賺錢。這經常會給自願表演者留下不良的後果。例如前面說過的例子，舞台催眠表演師把被催眠而呈僵直狀態的人，頭放在一張椅子上，雙腳放在另一張椅子上，身體中間架空，催眠師跳上他的腹部走來走去表演一些動作，被催眠的人雖然沒有絲毫反應，但卻可能造成嚴重的內傷。

2.催眠師疏忽所產生的危險。例如，一位燒傷超過70%的病

人，在加護病房護理，由於嚴重燒傷，病人極端痛苦，不能進食，為了幫助病人進食，醫生決定應用催眠方法。一位催眠師給這位病人催眠後，啓示他說：「你可以吃餐盤裡的任何東西，餐盤裡的東西都是好的，對你的健康有益。從現在起，大部分時間你將會覺得飢餓。」幾小時後，護士緊急打電話找催眠師，請他趕快來病房，因為病人在嘔吐和流鼻血之後，吃自己嘔吐的東西和血液，呈現食物中毒現象，情況嚴重。

為什麼病人會產生這種現象呢？那是因為催眠啓示符合病人的動機要求，病人因燒傷而不能吃東西，吃東西是病人的願望，「進食和營養能夠幫助康復」在潛意識裡產生作用，尤其是當病人病情嚴重需要治療的時候。其次，是病人被啓示「可以吃餐盤裡的任何東西，餐盤裡的東西都是對健康有益的」。這位病人必須重新催眠，解除他可以吃餐盤裡任何東西的啓示後，再啓示他只吃具有營養的食物，才恢復了正常。

還有另一個例子，是幫助一位病人加強物理治療，即催眠後啓示他的手臂，要在每小時自覺地做15分鐘的運動。次日清晨，護士告訴催眠師，雖然病人在夜裡好像是睡著了，但他的手每小時卻自動地做15分鐘的運動。催眠師必須重新催眠這位病人，再啓示他說：「只是在醒著的時候做運動」。

3.第三種危險是催眠後遺症。例如，一位女大學生被催眠之後，催眠師要試驗她的幻想力，即啓示她當聽到蒼蠅嗡嗡飛的時候，同時會有一個聲音在叫她。她沒有被適當的解除催眠，第二天晚上她不能入睡，總覺得有蒼蠅在耳邊嗡嗡飛翔，同時有一個聲音在叫她，雖然整個房間裡只她一個人。從此，她每晚失眠，神經衰弱，經過很長時間治療之後才恢復正常。

　　另一位女大學生，因家庭經濟困難以及感情因素，內心產生嚴重壓力，引起了精神憂鬱症，她去尋找一位禪師練習禪坐冥想，以求心靈平靜與安寧。但她被禪師誤導而走火入魔，禪師啓示她要學好禪坐的條件之一，是腦海裡要出現金光閃閃或綠光閃閃的現象，才能夠得到上等禪功。於是，這位女生就不斷的自我啓示（催眠），從此一閉目或睡覺的時候，她的腦海裡就出現金光閃閃或綠光閃閃的現象，甚至當她看到親人住醫院注射生理食鹽水時，一滴滴的鹽水均變成了一點點紅光，紅光越來越閃亮耀眼，致使她心神不寧，長期失眠，最後產生精神錯亂，不能擺脫這種幻覺。其實，修禪之人切忌幻覺，它會把身體弄壞，致使心神飄忽不定。正如禪宗大師釋光宗在他的著作《解脫學》裡指出，「修禪之人如見滿天神佛，金光萬道，或綠光閃閃，夢遊天堂，魂入地府……如把它當眞，隨意流轉，乍驚乍喜，以爲修臻爐火純靑之境，實在萬分危險。」大師以禪宗觀點，指出什麼是幻覺和錯覺，與現代心理學觀點相同。他說：「幻覺，猶如見仙佛來臨，天樂鳴空，毫光四射，香氣四溢，夜聞哭聲，吉凶夢境，一切喜怖境物，無實物作依託者，即使時至事現，也不屑一顧。錯覺，猶如見樹爲鬼，見繩爲蛇，見石爲虎，聞敲門以爲撞鐘，聽風聲誤爲神號等，有實物作依託者，也應予漠然視之。」這位女學生就是走火入魔產生催眠的後遺症。

　　還有一位婦女，被催眠師用年齡後退催眠法催眠，當催眠後退回到6歲的時候，立刻發生強烈的全身麻醉感覺，原來與她在那個年齡全身麻醉做扁桃腺切除手術有關。因爲催眠師沒有給她適當的解除催眠啓示，致使她的手、腳、口腔及整個身體有麻醉感覺長達數月之久。

4.催眠可能會發生強迫性服從的危險。一位實驗心理學家在大學裡做了兩個催眠的實驗，目的是在測定人被催眠後，是否可能發生強迫性服從的行爲反應？是否會使自己進入危險的境況？或是否會做出危害他人的行爲？第一個實驗，四位學生被催眠後，給予實驗啓示。其中有三位學生服從催眠的指示去接近一個箱子，這個箱子裡放有一條凶猛的眼鏡蛇，牠正顯露出準備襲擊的姿態（當然，在箱子與學生之間，放置一塊透明的玻璃板隔著，以防止眞正的危險）。另外一學生在看見眼鏡蛇後，立刻轉身背著箱子。第二個實驗，是兩位被深度催眠的學生，指示他們把一瓶硫酸潑向主持實驗的人，結果他們都不願意這麼做（當然，放一塊透明的玻璃板保護著主持實驗的人，而瓶子裡裝的也不是眞正硫酸而是水）。從第二個實驗中，我們可以看出被催眠的人，總是在警覺自己，不會做出違反常理或自己不願意做的事情來，沒有把硫酸潑向主持實驗的人。但在第一個實驗裡，我們卻發現四個人中有三個人服從催眠師的指示，去接近危險的眼鏡蛇。這如何解釋呢？我們知道，尤其在催眠治療的時候，被催眠的人都會相信催眠師的治療啓示，接受他的啓示來促進自己身心健康，尤其催眠治療師是一位受尊敬和值得信任的人。因爲病人相信催眠治療師能夠幫助他恢復健康，不會傷害他。第一個實驗證明了這點，因爲接受實驗的學生，相信老師不會害人，所以敢去接近裝有眼鏡蛇的箱子。

再舉一個有名的催眠意外例子，就是前面曾提過的著名法國教授夏柯，有一次在催眠治療時，他正準備將一位女病人從深度催眠狀態中喚醒的時候，剛巧想起有點小事情要立刻辦理，他告訴助手他要出去一下，馬上就回來。不料助手想對這位女病人開

個玩笑，就啟示她脫下自己的衣服，她立刻就張開眼睛覺醒過來。可見催眠不一定能夠叫人做出自己不喜歡的事情。可是，另一個有名的催眠意外事件，卻剛好得到相反結果。夏柯教授的學生、著名的心理學家佛洛依德，他在課堂裡做催眠實驗，當一位女學生被深度催眠後，佛洛依德剛好被一位學生叫出去，有事要轉告他，這位教授告訴其他學生等他回來後，再繼續做實驗，學生看見老師不在，就趁機給這位深度催眠的女生啟示，告訴她現在是炎熱的夏天，她剛從外面回家，走進浴室，把衣服脫下來準備洗澡，她真的把衣服脫了下來。這時老師回來了，看到這種情景，不禁臉色大變，把學生責備了一番，立刻解除這位女學生的催眠狀態。可見有些人在深度催眠時，也會聽從催眠啟示，做出一些符合催眠者要求的事情來。

5. 舞台催眠表演時會發生的危險。這裡再舉一例證明，在1978年以色列首都特拉維夫，一位年老婦女自願走上舞台接受催眠表演，被催眠表演師用年齡後退法催眠後，目的是要使她能夠回到少女時代，顯出小女孩的樣子，說出天真幼稚的話來，以便娛樂觀眾。當啟示她年齡後退到11歲的時候，她突然發生強烈的抽筋，情緒非常激動，顯現出極端恐懼和痛苦的樣子。催眠表演師不知道是什麼原因，立刻叫醒她。原來，她在11歲時，在德國被納粹關在集中營裡，親眼看見許多猶太人被殺害。舞台表演之後，這位老婦女產生了嚴重的精神恐怖焦慮症，精神學家花了一年多的時間治療，才使她恢復正常。

6. 有些缺乏道德的江湖催眠師，可能披著神秘的外衣，利用催眠術企圖騙財騙色。例一，澳洲雪梨一位28歲婦女，經過連續4年流產後，極希望能安全懷孕。由於對婦產科醫生失去信心，

她去看整骨按摩師，這位整骨按摩師會催眠術，將她催眠後，就叫她脫下衣服，給她按摩，接著就開始不規矩的動作，幸好她立刻覺醒，起來穿好衣服，憤怒離去。

　　例二，一位紐西蘭出生的38歲職業魔術師，自稱「魔術先生」，不但經常表演魔術，也表演舞台催眠術。1985年12月28日，他在雪梨著名的海灘被捕，被控利用催眠術騙財騙色。有三位婦女先後被他催眠後誘姦。第一位婦女，有經常咬指甲的習慣，在未催眠前他就問她有關性生活情形，他告訴這位婦女她的咬指甲習慣，是神經緊張的結果，可能與她的性生活不協調有關。她被催眠後，這位魔術先生啟示她在太陽之下，在沙漠中行走，現在非常炎熱，建議她最好去海灘游泳消暑，她猶豫了一下，魔術先生說會給她一件比基尼泳褲穿，於是她就脫光了所有的衣服。事實上，她是躺在床上，被魔術先生啟示是躺在海灘上。然後，魔術先生開始他不可告人的手段。正在緊要的關頭，正好有人敲門，魔術先生只好回應，這時這位婦女從催眠狀態中醒過來，他幫她穿好衣服，告訴她從此再不會咬指甲了。回家後，她發現陰毛被魔術先生剪掉了，立刻去報警。第二和第三位婦女都渴望減肥，被他催眠後，也用同樣的手段騙了色。另外，澳洲墨爾本一位英國教會牧師，在1989年被控利用催眠術，強姦一位22歲婦女罪名成立。

　　催眠是否有危險？綜合上面的例子，我們可以看到兩種不同的說法：第一，在催眠之下，有些人可能會做出自己不喜歡或犯罪的事情。第二，人有超然的良知良能，在催眠過程中，總是能夠控制自己，不會做出任何越軌的行動。值得注意的是，有少數人被催眠後，可能會做出一些違背倫理道德或反抗社會的行為

來。不過，精神學家指出，這些人在未被催眠前，潛意識裡早就存在不道德或反抗社會的意念，即使不被催眠也會做出這種事來的。事實上，催眠本身並沒有危險，催眠所以有危險，是來自催眠師濫用催眠術，懷抱不可告人的目的，或處理不當的結果。

第三章
催眠的狀態和現象

催眠的狀態

前面說過，幾乎所有的人都經歷過催眠狀態，只是自己沒察覺而已。如果你被催眠，表示你已進入了 α 腦波狀態，你會有怎樣的體驗呢？根據催眠深度的不同，大概可以分爲下面五種催眠的層次：

1.類似催眠狀態：這是最淺的一種催眠層次，是每一個人都可以達到的境界。它與身心放鬆或做白日夢甚爲相近，也和我們全神專注閱讀小說或聽音樂，或是在酷熱的夏天躺在樹蔭下閉目乘涼一樣，雖然知道周圍有人說話，但卻無意識去聽說話的內容。這個層次的特徵，是眼皮閃動、眼睛閉著、身體肌肉鬆弛。可見在這個層次，並不是昏昏的睡覺。當我們處在完全覺醒狀態的時候，醒意識與潛意識的功能同時活動。

在類似催眠狀態中，身體方面的體驗與覺醒時完全一樣，但有三點不同。第一，精神集中效率可高達100％，但在覺醒時只

有25％。第二，身體的每一部分肌肉都處在放鬆的狀態，有人覺得有飄飄然之感，有人感覺皮膚溫暖或微振的興奮，有人覺得全身沉重，尤其是手腳。第三，身體處於比較靜止的狀態。

2.輕度催眠狀態：約95％以上的人能夠進入這個狀態。它的徵象很容易從外表看出來，就是被催眠的對象不能張開眼睛，呼吸深慢而有規則，身體進入較深度的放鬆狀態，或出現手足伸直現象，看來好像是在睡覺，整個身體看起來很放鬆、自然。從催眠療法的觀點看，在這個層次給予適當的治療啟示，具有相當好的效果，尤其是能夠在第一次催眠就達到這種境界的人。

3.中度催眠狀態：約70％的人能夠進入這個狀態。從外觀的徵候，可以明顯的看出與上述兩種層次不同，即被催眠對象的手和腳失去知覺和觸覺，甚至出現強直性昏厥現象。前面提到的俄國沙皇魔術師拉斯普丁催眠皇宮衛兵，使他們變成不同的僵直形狀，就是在這個層次出現的。在這個層次，雖然催眠對象可以感覺到外界的噪音，但不會被噪音攪亂，身心更加放鬆、更容易接受比較複雜的深度啟示，對催眠後啟示具有很高的接受性，並使啟示繼續的發揮作用，甚至維持在催眠療程之後。

在催眠療法過程中，催眠後啟示的步驟很重要，它主要作用是幫助催眠對象在以後的療程中，能夠很快的進入催眠狀態以及更有效的接受啟示。例如對催眠對象做這樣的啟示：「……下次當我數到三的時候，你的眼睛將會閉上，身體會立刻進入完全放鬆的狀態。」當下次催眠療程開始的時候，催眠師只要說：「1，2，3」，對象就會很快的進入催眠狀態了。

4.深度催眠狀態：約25％的人能夠進入這個深度催眠狀態。在這個狀態，幾乎所有的催眠現象都會發生，包括年齡後退、年

齡前進、自動寫字、時間扭曲（Time distortion）等等（後面再詳述）。在這個層次裡，被催眠對象會產生幻覺、錯覺或催眠失憶現象。不但會產生正面幻覺（實際上不存在的東西，被想像爲存在），也會產生負面幻覺（實際上存在的東西，被想像爲不存在）。

當一個人面對著殘酷的事實時，往往會退縮並沉醉在以往美好的回憶裡，同時會幻想與盼望著未來也能夠如此，想像中的事物代替了現實的存在，以減少痛苦的情緒。在進入深度催眠時就會產生這種催眠幻夢現象。醒來之後，覺得痛苦減輕或消除了。

在這個層次，對於麻醉或鎮痛的啓示效果很好，可以因催眠啓示而產生麻醉作用，來做無痛開刀手術，或無痛分娩、拔牙和補牙等。因爲在這個層次，腦中樞神經系統分泌大量腦內啡的神奇鎮痛作用所致。同時，治療啓示也能夠使自主神經系統功能發揮作用，對降低血壓、調整和促進血液循環機能等都有很大的幫助，甚至還可以防止心肌梗塞的危險。同時對癌症的治療有很大的幫助，可以控制或消除癌細胞。在這個狀態中，催眠對象可以張開眼睛，也可以說話而不影響所處的催眠境界。

5.催眠夢遊或離魂狀態：這是非常深度的催眠狀態，只有千分之一的人可以達到這個境界。在這個層次，不但所有的催眠現象都能夠發生，而且對所做的任何事情或動作，完全喪失記憶力。也就是說，他們在醒來後，什麼事情也記不起來。前面曾經提過，那位精神衰弱的19歲匈牙利女孩，就是在這個催眠狀態下，被催眠師命令她的靈魂出竅致死的。在這個狀態下，1%的人會突然間說出一些莫名其妙的話來，自己也不知道說了些什麼，但與他同樣進入這個催眠狀態的人，可能會想像和傳譯大概

意思；有人甚至覺得自己是外星人，懂得宇宙語言。

　　他們並不知道，這是進入極深度催眠後的幻覺，以爲眞的被一種靈體控制。這也可能與腦中樞神經系統分泌神經荷爾蒙多巴胺過多有關，它可以引起類似精神分裂症，即頭腦裡不斷出現影像，認爲自己是超人或異人，卻把別人當魔鬼看待，甚至有異常的行爲出現。這些人的特徵，開始在外貌上顯不出有什麼變化，眼睛和中度催眠時一樣的閉上，直到進入深度催眠時，他們的眼睛才張開，不受任何干擾，可以自由的說話，當最後進入催眠夢遊或離魂狀態時，有些人口部周圍出現蒼白顏色，甚至流口沫，催眠結束後才恢復正常，但記不住曾經發生過任何的事情。所有的靈媒、乩童及巫婆等，都能進入這個催眠夢遊或離魂狀態。

　　在保魯醫生（Dr. M. Bourru）的《心念力現象》這本書裡，描述一位年輕人被催眠後，保魯醫生啓示他說：「當你被催眠之後，在下午4點鐘，你會來到我的辦公室，坐在我對面的椅子上，雙手交叉在胸前，你的鼻子將會流血。」果然這位年輕人被催眠後，下午4點鐘時，就按照啓示來到他的辦公室，坐在他對面的椅子上，幾滴血從他的左鼻孔裡流了出來。

　　在另一個實驗裡，這位醫生在那個年輕人的手臂上，以硬紙皮輕輕的畫了一下，告訴他是寫他的縮寫名字。當他進入催眠狀態後，就對他啓示說：「下午4點的時候，你將會進入深度睡眠，你的手臂上會出現血跡，沿著我刻畫的線條上，出現你的縮寫名字。」眞的，在下午4點的時候，他就進入深度睡眠，在他的左手臂上果然出現了縮寫名字的出血斑點，斑點的痕跡延續了3個月之後才慢慢消退。

　　此外，在催眠狀態中，還會出現兩種常見的情形。第一，意

想性感覺：這是在催眠狀態中，由於內心想像力表現出來的一種五官感應，即聽覺、觸覺、味覺、感覺和視覺等。第二，意想性運動：這是由於身體動作表現出來的一種舉動。在催眠狀態中，身體的一部分做出潛意識性的動作，包括抬舉手足或身體僵直等，可使身體發揮出意想不到的力量。在覺醒的情況下，我們往往覺得自己不能夠做好某些簡單的事情，原因是我們相信自己不能去做好的緣故。譬如我們沒有膽量跳越過一公尺寬100公尺深的峭壁，那是因為心中害怕的結果。但是如果有一隻瘋狂的野牛或癲狗從後面追來，即使是兩公尺寬100公尺深的峭壁，我們也能夠跳過去的。在被催眠的時候，我們同樣可以產生這種意想性強大的身體運動機能。

催眠的現象

如果你處在催眠的狀態中，可能會出現下面的現象：

1.**強直性昏厥或僵直**：這是在輕度催眠狀態下，可以產生的現象之一。它的特徵是手和腳變僵直，好像被鎖直一樣。前面曾提過的俄國沙皇魔術師拉斯普丁，將皇宮衛兵催眠後，使他們的身體產生強直性昏厥或僵直，就是典型的強直性僵直現象。這也是舞台催眠師經常用來娛樂觀眾的手法之一，一方面是因為這種現象在輕度催眠狀態時就可以發生；另一方面是這種僵直的現象，看起來滑稽好笑，娛樂的價值很高。此外，一種與強直性昏厥或僵直有關的現象，是身體自主性的運動，雙手像螺旋槳一樣轉個不停，直到叫他停為止。我們不是經常看到舞台催眠表演時，被催眠者的雙手像飛鳥一樣上下擺動個不停嗎？要等催眠師

下命令後他才停止。在物理治療中，也常用這種方法使病人繼續不斷的運動，因爲處在催眠狀態時，病人繼續不斷運動的耐力比覺醒時要強得多。

2.幻覺或錯覺：幻覺，是人將實際不存在的事物/想像成存在的，而做出錯誤判斷的結果，譬如，前面曾提過，希特勒被催眠後增強統治世界的幻想。錯覺，是人將實際存在的事物/想像爲不存在。如果我們看見一個靠枕在沙發上，以爲是一隻貓坐在那裡，那就是錯覺；如果沒有東西在沙發上，我們看見有一隻貓坐在沙發上，那就是幻覺。有時幻覺/也稱爲妄想，如果眞有一隻貓坐在沙發上，我們什麼也沒看見，稱爲負面的妄想。幻覺和錯覺或妄想，可以在催眠狀態下產生，通過五官感覺而出現。人的想像力和對事物的形象化，就是在這個基礎上產生的。不過，想像力指的是正面想法或意念，來自精神的中心，是創造發明的泉源，也是文學藝術的靈感。在催眠狀態中，可以促進右腦機能旺盛，使頭腦裡出現影像，想像力能高度發揮，靈感更加豐富。正面的想法具有很重要的作用，它常來用糾正不良的習慣或行爲，例如抽煙、喝酒、肥胖、厭食、過食、性冷感、早洩、陽痿、壓力、恐懼以及心靈創傷等。

3.改變隨意肌肉動作：在催眠狀態中，可以改變或控制身體隨意肌肉群的動作。因此，能產生以下的作用或現象：（1）放鬆身體肌肉，消除緊張與疲勞。（2）麻痺肌肉群，使手足痠麻而產生麻醉和止痛作用。（3）出現手足肌肉僵直現象，常用於舞台表演。（4）增強肌肉運動能力，能促進運動員耐力及消除疲勞等。（5）使手能自動做抬舉動作。

4.改變不隨意肌肉動作，以及器官與腺體的作用：我們知道人

體的許多功能運作，是不受我們的意志控制的，例如循環、消化、呼吸、免疫和內分泌系統等，它們是受潛意識控制和調節，通過自主神經中樞系統（包括丘腦和腦下垂體）作用的結果。催眠可以影響潛意識的作用，促進和調節人體內的這些功能，使腦中樞神經分泌荷爾蒙或神經傳導物質，增強身心健康。在催眠啓示下，可以放慢心跳頻率，降低血壓，緩和心肌收縮，減少心臟負荷，防止冠心疾病的發生。同樣的原理，也可以訓練肺部呼吸，對改善哮喘病人的症狀有很大的幫助。催眠啓示還可以促進胃腸蠕動和分泌，促使唾液和汗液分泌增加，降低新陳代謝率，調整情緒所引起的荷爾蒙不正常，調節月經，促進乳腺發育等。

此外，值得特別提出的一個奇特的催眠現象，即當我們放置一個冰冷物體在被催眠者的皮膚上時，告訴他那是一個非常熱或燃燒的物體，便真的可以使皮膚發生燒傷的現象。如果你處在催眠狀態中，啓示你的手放在一盆熱水中，你的手會真的感到熱，手上溫度會上升，甚至呈現紫紅色，猶如真的放置在熱水中一樣。

　　5.時間扭曲現象：所謂時間扭曲，是說我們感覺中的時間，不同於時鐘記錄的真正時間。換句話說，就是我們心中感覺的時間，快過或慢過時鐘所記錄的真正時間。在日常生活中，我們經常體驗到時間扭曲的現象，例如當好朋友來訪，談話投機時，不知不覺的時間過得很快。但不受歡迎的訪客，加上話不投機的話，就覺得時間過得很慢。記得小的時候在學校讀書，對於有興趣的課程，如果老師的講解又很生動的話，往往一小時的課程覺得好像幾分鐘。相反的，上枯燥單調而又沒有興趣的科目，過一小時就像過一輩子一樣。同樣的，當幸福愉快的假期結束了，心

裡覺得好像才剛剛開始而已。一個即將溺水死亡的人，看自己的
整個生命閃耀在眼前，只不過是幾分鐘而已。

時間扭曲的現象，在我們日常生活中經常發生。年紀大的
人，總覺得時間過得很快，感嘆日子不知如何的消逝。但對小孩
子來說，卻覺得時間過得猶如蝸牛走路一樣慢。不過，現代的小
孩子也會感覺到時間過得很快，當他玩電腦遊戲的時候，一天一
下子就過去了。我們的許多往事，通過回憶而呈現，尤其是美好
甜蜜的回憶，能夠使我們沉醉而忘懷眼前的痛苦。

在催眠治療中，時間扭曲的感覺具有很重要的臨床價值，例
如牙科病人往往需要一段冗長而討厭的時間坐在椅子上，緊張害
怕的等待著牙醫治療，催眠能讓漫長等待的時間過得好像幾秒鐘
的感覺。對於嚴重燒傷病人，需要經過漫長而痛苦的換藥和護理
過程，催眠能使病人感覺到這個過程，好像縮短爲幾秒鐘而已。
時間的扭曲，也可以應用在極端痛苦或即將臨終的病人，譬如他
們有9分鐘的傷痛，而只有1分鐘的安寧周期，使它變成爲9分鐘
的安寧和只有1分鐘的傷痛時間，以減輕他們的痛苦感覺。至於
很痛苦的臨終癌症病人，也可以應用這個方法減輕他們的痛苦，
使他們能終於安寧和平靜，彰顯出生命的尊嚴。可惜，並不是每
一個人都可以產生時間扭曲的感覺，只有大約1/5的人能夠達到
這種境界。

6.記憶缺失或失憶：這是催眠後發生的一種特別現象。失憶
的現象可以自然發生或受啓示而發生。受催眠啓示所發生的失
憶，是在催眠狀態的時候，給予催眠對象啓示，使他覺醒後不會
有任何的記憶。但是，只有在催眠對象的醒意識和潛意識都願意
的情況下，才能接受啓示而達到這種失憶狀況。在此特別提醒的

是，催眠啓示性的失憶不會是永久性的，它可以被再催眠而重現，這也是催眠師不容易在人被催眠時，做出不軌行動的緣故。經常有婦女控告催眠師非禮與輕薄，顯然，發生在催眠中的事情，婦女在尚未回到家之前，已經恢復記憶了。至於自然發生的記憶缺失或失憶，通常是在心靈遭受到非常嚴重的創傷後產生，因爲不願意留在心裡，想讓它消失或忘掉，以免影響日常的生活，這也是人應付和控制心靈痛苦的一種本能反應。在催眠治療中，當過去的心靈創傷被發掘出來之後，當事人不願它再出現在記憶之中，催眠師就啓示他使他失憶，這樣身心健康就不會再影響了。

　　7.止痛和麻醉：止痛和麻醉是重要的一種催眠現象。麻醉是指喪失所有的感覺，止痛是指失去痛覺，兩者經常交替應用。消除痛覺是催眠療法的重要價值之一，不論用於消除輕微的頭痛、頸背痛、肌肉痛、無痛分娩、月經痛，或極端的癌症痛苦等，都有良好的效果。

　　止痛作用可以在輕度催眠狀態時產生，大約有1/5的人能夠達到完全止痛。在深度催眠時，可以產生麻醉作用，進行開刀手術。前面我們曾經提到過催眠應用於麻醉開刀手術的例子。尤其在戰爭時缺乏化學麻醉藥的情況下，或者用在一些不適合使用化學麻醉藥的人。同時催眠也適合用於產婦無痛分娩，對產婦和嬰兒都沒有副作用。現在，腦神經學家已經發現人腦能分泌一種特別的神經荷爾蒙腦內啡（Endorphines，又稱體內嗎啡），比天然嗎啡的止痛效果強200倍之多。研究證實，催眠可以增加這種自然止痛嗎啡的分泌。

　　每個人對痛的感覺不同，有的人拔牙或補牙時，可以不用麻

醉藥；但有的人尚未進入牙醫診所前，就開始害怕而冒冷汗了。
對於後者，可將催眠方法和局部麻醉相結合，效果十分良好。如
何知道一個人真的被止痛或無痛呢？最簡單的方法是測定他的血
壓和脈搏。如果他感覺痛的話，脈搏會加快，血壓會升高；在催
眠止痛狀態時，脈搏不增快，血壓也沒有升高，就證明已達到真
正的止痛作用。

　　如果你學會自我催眠，就可以更有效的止痛，不需要催眠師
的幫助。自我催眠麻醉法，通常是先自我啓示自己的手和腳產生
麻痺感，然後漸漸的擴展到身體的其他部位。有經驗的催眠治療
師，通常在喚醒被催眠對象之前，都會先解除他的止痛感應，以
避免他失去對痛覺的正常反應。如果他的手或腳失去了對痛覺的
正常反應，會產生嚴重的傷害危險。因爲人對痛覺的反應，是一
種保護性作用，以提醒或警告我們身體有了損傷或疾病，我們必
須要加以調理和醫治。對於嚴重燒傷和癌症病人的創痛，可能摧
毀人的生存意志，因此有效的止痛非常重要。現在一般都以藥物
止痛，但是幾乎沒有一種有效的止痛藥，是沒有副作用的。神經
外科醫生可以用精巧的手術，切斷神經傳導痛覺到達腦中樞系統
的通路，這種止痛的方法，不但不能真正止痛，還有很大的副作
用。只有催眠能提供安全而又無副作用的止痛效果。

　　8.自動寫字：有些人在深度催眠狀態下，也不願意表達他們
嚴重的心靈創傷，或在潛意識裡擔心會被別人聽到，寧願把痛苦
埋藏在心裡。對於這種人，可以用催眠方法讓他們寫字或畫圖，
再從中分析和了解其中的含義，以提供更好的治療。

　　自動寫字是非常令人困惑的催眠現象之一，也是很有價值的
一種治療工具。很多人以爲自動寫字或畫圖，只有在深度催眠的

狀態中才能做到。其實不然，人在非催眠的狀態下，也可以自動
寫字或畫圖，譬如我們聽電話的時候，手經常會不知不覺的，在
紙上寫出不相關的字或畫出不相關的圖形來。人在催眠的狀態
下，你給他一枝筆和一張紙，啓示他手中的筆可以自動的在紙上
寫字或畫圖，例如說：「你的手將會痠麻而失去知覺和動作的能
力，現在你不能控制你的手，你的手會自動的寫字或畫圖，寫出
或畫出問題的答案，甚至是你內心覺得很痛苦而難以用語言表達
的問題。」自動寫字或畫圖，可以提供深藏在心靈裡的許多訊
息，從中可以找到問題的答案，對於病人的康復有很大的幫助。

　　有些人在催眠狀態時，會畫出圖形代替寫字，有時只寫出斷
句，需要加以分析才能理解。例如，一位6歲的小女孩，畫她的
媽媽躺在床上，胸口被插入一把刀，被畫的媽媽沒有嘴巴。從這
幅圖畫中，負責治療她的心理醫生，找出了問題的答案。有一
次，媽媽對她說：「我討厭你！我討厭你！恨不得你不在那
裡。」這句話是媽媽生氣時候說的，因為這位小女孩半夜起床，
闖入父母的臥房，破壞了父母的好事，被媽媽發現了，很生氣的
趕她回自己的房間，不久媽媽走過去，以為小女孩睡著了，就在
她的耳邊輕聲罵她了幾句，以為她不會聽到。可是小女孩自從被
趕出父母房間後，一直生氣得不能睡覺，媽媽的話她全都聽見
了。在經過一段時間的催眠治療，和多次證明媽媽很愛她後，才
以喜劇收場。

　　如果你給催眠對象一張大繪圖紙和一枝6B鉛筆，不論寫字
或畫圖效果都會很好。因為在催眠狀態下，寫字或畫圖是閉上眼
睛做的，很多人寫的字往往會比平常要大得多，這可能與年齡後
退到孩童年代有關，或者心扉開啓的結果。用大張繪圖紙，是為

了提供足夠的空間；用6B 鉛筆，是因為很多人在催眠狀態下，他們的手會變得很輕，用6B 鉛筆即使輕描淡寫也能看得清楚。在催眠啟示自動寫字或畫圖之前，通常要先練習年齡後退催眠法。當催眠對象後退到一定年齡時，需要耐心的說明，以取得催眠對象的信任和合作，才能達到成功的治療目的。

　　另一種與自動寫字或畫圖有關的催眠現象，是「催眠塑造」，就是用塑膠黏土，讓催眠對象自由的捏造出一些圖形，來表達內心的感情和想法。因為有些人內心深處的恐懼或創傷，即使在深度催眠時，也不願說話或寫字，催眠塑造法可以幫助這些人發洩心中的愛憎情緒。有些人會塑造出內心所憎恨的人，然後把他的手腳撕裂，或捏掉他的頭。有時不容易辨認被塑造的人形和潛在問題；有時塑造的形象會很直接的表達出感情。例如，一個女人塑造一個空洞的子宮模型，表示她知道丈夫不能使她懷孕生育。還有一位十歲女孩子，智商不錯，可是找不出任何理由能解釋，她在學校讀書不用功，考試成績不好。在被催眠治療時，心理學家給她一塊塑膠黏土，看看能否發現她在學校的問題。催眠的部分對話如下：

　　「你塑造的人是誰？」

　　「我的老師。」

　　「為什麼你要塑造你的老師？」。

　　沉默了一會兒之後，她說：「我不喜歡他。」

　　「你想對老師怎麼樣呢？」

　　她又沉默了一會。

　　「你想怎麼樣對你的老師呢？」

　　突然間，她狠狠的把老師的頭捏掉。因為老師曾經在同學面

前，公開批評她的功課不好，所以她非常憎恨老師。在催眠治療師、校長和家長互相配合、幫助下，這個女孩轉班後的學業成績逐漸進步了，不需要再進一步的治療。

　　另一位小學一年級的小女生，塑造一個經常欺負她的男生模型，把針扎在他的胸腹部，並讓她的朋友暗示那個男生這件事。第二天，男生胃痛不能上學，她感到十分開心。這究竟是巧合呢？還是這位小男生受到暗示的結果？

　　9.年齡後退現象：是指在催眠狀態時，催眠對象對時間的想像和認知，向後倒退若干年月，使他重新經歷當初發生的事情。我們知道，通過對人生的回顧可以發現是否虛度年華，同時理解生命的意義。生命，是人生的旅程，必須是向前邁進。因此，在年齡後退催眠法後，必須使年齡再向前邁進，向前瞻望，生命才能有目的與意義。

　　在催眠狀態下，使催眠對象的年齡後退，可以達到兩個目的：使他（１）通過時間的隧道，走向過去的人生道路，喚起深埋在心裡的往事回憶；（２）通過回憶和發揮想像力，使他重新經歷過去的生命旅程和經驗。尤其對以前的心靈創傷記憶已經模糊了，可以再挖掘出來，重新呈現在腦海裡，過去的迷惑和混亂的情緒，讓它盡量的發洩出來。當他從催眠中醒來後，他會覺得那些創傷已成過去，並啓示他以現在的年齡、眼光和經歷去看過去所發生的事情，從而恢復正常的心理。過去不良的行為和習性，將會逐漸消失；新的良好行為和習性正在建立。舊的觀念已漸模糊，新的理念正在迅速增長。往事已逝，未來可追啊！

　　「年齡後退」是非常重要的催眠療法之一，在臨床治療上經常應用，但也經常被舞台催眠師或江湖術士濫用，使一些毫無心

理準備的自願表演者，產生年齡後退現象，或者倒在地上痛哭流涕、行為怪異，以娛樂觀眾。有些人的心靈創傷早已忘懷，現在把它重現在眼前，常會令人發生強烈的情緒反應。值得注意的是，從催眠醒來後，他的醒意識裡會產生羞辱或痛苦的感覺。因為在催眠年齡後退時，我們潛意識的推理和分析能力消失，隱藏在潛意識裡的障礙解除，許多痛苦和悲傷的往事，猶如泉水一樣湧現出來，往往會產生強烈的反應與不良的後果。

　　在一般情形下，我們的心靈創傷和痛苦情緒，經過了一段時間的內心煎熬之後，往往會深埋在潛意識裡。這種壓抑過程可以引起許多心理（精神）或身體的疾病。例如一位年幼女孩被父親性侵害後，在潛意識裡忘記了發生的原因，長大後心理憎恨所有的男人。如果適當的運用年齡後退催眠法，追回一個人的往事記憶，不但無害而且還會有益處。不過，應用年齡後退催眠法之前，你應該先了解催眠對象的人格和過去的遭遇，取得他的信任，這是治療成功的重要因素之一。你要告訴他年齡後退催眠療法，可以消除內心的恐懼和焦慮、改正不良習性並增進身心健康。

　　如何知道一個人在被催眠的時候，是真正的年齡後退，而不是一種回憶，或扮演戲中角色呢？這裡有兩個測驗方法，可以測知他是否真正年齡後退到幼齡時期：（1）巴班司基反射（Babinski Reflex）：當刺激嬰兒的腳底時，嬰兒的腳拇趾會向背面翻曲，其他的四趾則行分開。在3歲的時候，這種巴班司基反射消失。當一個人的年齡後退到3歲之內時，這種巴班司基反射就會重現。（2）摩絡嬰兒緊抱反射（Moro Reflex）：當嬰兒突然受聲音驚嚇時，他的雙腳會收縮成一團，並用雙手緊抱住雙

腳。在年齡後退到嬰兒期的時候，這種反應會出現。此外，當後退到嬰兒時期，人的脈搏會加快。

10.年齡前進現象：與年齡後退相反，年齡前進是催眠對象對時間的想像和認知，向未來前進若干年月，也可以說是對未來將發生的事情的一種想像力表現。年齡前進現象，不同於年齡後退之後再向前進，因為它沒有潛意識的儲存記憶因素在內。它的主要作用是幫助治療師了解催眠對象，對於現在的潛在壓力或困惱事情，在未來對他會有怎樣的影響和後果。

例如，一個男人與醫生商量，是否應該做輸精管結紮手術的問題。他可能在潛意識裡不願意結紮輸精管，擔心會削弱或影響他的性生活，對心理影響很大；但基於對伴侶的關愛，在醒意識的時候，或肯自我犧牲的心理作用，他把負面的想法暫時壓抑在心裡。事實上，他的內心實在擔心得很。這時候，透過年齡前進催眠法，啟示他的輸精管結紮手術已經五年了，問他五年來的感覺如何？他如果立刻回答：「醫生啊，自從手術之後，我從來沒有一個晚上能夠安寧的睡覺，心裡很緊張和害怕。」當他被喚醒後，對於整個年齡前進的過程會沒有記憶，但醫生現在可以決定延遲做手術了。直到他在深度催眠時，從內心深處確定沒有任何顧慮之後，再做手術就沒有副作用了。同樣，在深度催眠狀態下，也可以用來測試緊張害怕輸卵管結紮手術的婦女，是否適合現在做手術，或將來再做手術以減少心理問題發生。

催眠術與醫學催眠啟示療法的異同

催眠術通常用於舞台表演，以娛樂觀眾和賺錢為目的，催眠

師不需要具備醫學知識（包括心理學等），只要懂得基本的催眠
啓示方法就行了。他們不考慮催眠的後遺症，只選擇一些能夠進
入深度催眠的對象，或甚至催眠夢遊或離魂狀態的對象。因爲這
些人具有很高的娛樂性和票房價值，可以叫他們表演一些動物的
動作如青蛙跳、牛馬吃草、貓叫、狗吠、雞啼等。江湖催眠師多
披著神秘的外衣，宣稱自己具有某種神秘力量，可以給人們身心
靈平靜，收費昂貴，讓人依靠神秘力量的安慰，容易導致思想混
亂、脫離現實和逃避責任，甚至誤入歧途。

　　醫學催眠啓示療法，與江湖催眠術或江湖迷信療法不同，前
者必須在大學醫學院學習與訓練，才可以應用於臨床治療；而後
者則可無師自通，多被邪教、巫醫或別有用心的人所用，他們甚
至利用特技攝影術製造神秘感，胡言亂語，鼓吹神秘荒誕之說，
藉著江湖催眠術來控制人的精神。所有的邪教都有一個共同點：
危言聳聽，造謠惑衆，不是說「地球要爆炸」，就是「人類在敗
壞，到處都是魔，即將毀滅」，「唯我是救主，你們要聽從
我！」並常會自稱是「某某人轉世」，並模仿其裝扮等。此外，
邪教還有一個共同點，就是創始者多能言善辯，爲了躍登邪教教
主寶座，必須妖言惑衆，取信於人，故多會詭稱自身的「功法」
是受異人傳授，或在夢中得到神仙指點而來。

　　與催眠術不同，醫學催眠啓示療法是以治療人們的一些身心
病症，促進人們身心健康爲目的。它能夠治療許多種疾病，因
此，治療師需要經過職業訓練，必須具有一定的醫學知識，尤其
是心理學和生理學的知識。

催眠啓示療法的臨床應用

催眠啓示療法的臨床應用列舉如下：

1. 控制高血壓、高膽固醇和糖尿病。
2. 增強綜合治療癌症的效力。
3. 復活生命力、發揮內在潛能、促進腦中樞神經和內分泌系統功能、增強免疫力、抵抗疾病。
4. 減少心肌梗塞的危險。
5. 幫助戒煙、戒酒和戒賭，做一個受人尊重的人。
6. 糾正厭食和減肥，得到最佳的健康。
7. 克服失眠、惡夢，消除疲勞，使精力旺盛。
8. 解除頭痛、偏頭痛、腰背痛、肌肉痛、經期痛等。
9. 消除壓力、恐懼和焦慮及其所引起的相關症狀。
10. 控制恐慌、消除暴躁脾氣。
11. 控制和減輕氣喘病。
12. 消除子宮腫瘤和雞眼。
13. 消除神經性消化不良。
14. 消除陽痿、早洩和性冷感，增進愛情生活。
15. 增強工作、學習和運動以及適應環境的能力。
16. 使身心靈平靜、促進創造力、成功的安排計畫。
17. 糾正口吃、磨牙、咬指甲和尿床習慣。
18. 促進胃腸潰瘍的癒合。
19. 消除一切心理障礙，促進往好的方向轉化。
20. 幫助病人手術治療和康復。

21.促使人類走向新的成功道路，獲得更多的幸福和喜樂。

第四章
催眠的方法和步驟

古老的催眠方法如下：

1.**雙眼注視固定法**：如古印度僧侶在隱修林中所用。

2.**通過恐懼而呆滯法**：如印第安人的魔鬼舞。

3.**恐懼物刺激法**：骷髏頭或魔鬼面具等。

4.**機械催眠法**：用水晶玻璃球、鐘擺、發亮光體、旋轉鏡、反射光、鉛筆尖或手指尖等。

5.**藥物催眠法**：小癲茄、大麻、迷幻藥等。

6.**壓迫頸神經和頸動脈法**。

7.**其他神秘法**：像黑魔術、巫術、邪教及魔教等。

醫學催眠療法成功的要素

催眠的方法分為權威式和自由式兩種，根據催眠對象的個性而決定。權威式應用於被動性格的人，直接的啟示他將會有事情發生，就好像對小孩子說話一樣，語氣要緩和、明瞭和果斷。譬如說：「我要你按照我的話去做，這對你會有好處」，「當我拍手3次，你會立刻進入催眠狀態。」自由式應用於強硬而有支配

性格的人，他不容易接受命令式的語氣，對他說話的聲音要柔和，語氣要婉轉不能強硬，要啟示他發揮想像力，對事物的描述要形象化和繪圖化，同時要取得他的信任，才能達到成功的催眠治療。以下是現代醫學催眠啟示療法成功的要素：

1.身心深度放鬆：引進鬆靜狀態，使腦波達到 α 或 θ 波形，進入潛意識狀態。老子提出「鬆靜養生」也就是這個原理。

2.精神高度集中：開啟潛意識之門，使我們能夠進入自己的內心深處，與自己的潛意識溝通，對催眠啟示具有高度接受性。氣功也強調「存神凝神，切忌著意，著想，執著」，排除雜念，意守丹田，以達到心情高度集中。

3.正確的啟示和自我啟示：修練靜功時強調「存想」與「正念」，就是正確的啟示和自我啟示。

4.高度發揮想像力：古人強調以「內視，存想，觀相」來發揮想像力。

5.強烈的動機要求：打開潛意識之門。

6.重複：以增強催眠啟示的作用。

可催眠性檢測

本測驗在了解想接受催眠的對象，是否適合催眠療法。

以下所有講稿中括弧內的數字，代表需要停頓的秒數。

雙手交叉緊握法

講稿

請你把雙手交叉緊握在一起，舉到與眼睛同樣的高度，眼睛

注視著手關節——再繼續注視——同時留意聽我的說話——請你閉上眼睛，發揮你的想像力——想像你的兩個手掌正被強力膠黏在一起——越黏越緊——越黏越緊——兩個手掌完全黏在一起，黏得你不能拉開——現在我開始倒數從10到0，每當我倒數一次，你的兩個手掌也黏緊一次，越黏越緊——10，9，8，7，6，5，4，3，2，1，0。越黏越緊——黏得很緊很緊，緊得你完全不能拉開它。現在你試著用力拉開它——但你不能——好！現在停止用力，同時放鬆你的手指——放鬆你的手指——很容易你的手就分開了。

手緊握拳法

你首先向對象說明，一個人不能同時想兩件事情。同時做如下測驗。

講稿

請坐下（或站著），右手微伸出胸前，同時緊握住拳頭。閉上你的眼睛，發揮你的想像力——心裡對自己說：我的拳頭越握越緊——越握越緊——非常非常的緊——再想：我的拳頭握得這麼緊，我不能打開它。現在我會開始從1數到3，你試著打開你的拳頭，但你不能，它黏得很緊——非常的緊。1，2，3試試看，打開它，但你不能。

如果他可以打開拳頭的話，要跟他說明，他不能同時想「我能」與「我不能」兩件事情。進一步說明集中精神和想像力是催眠成功的重要因素，並指出他必須只想一件事情。

手舉高和放下測驗

講稿

　　請你站著，面對著我，同時放鬆你的身體──舉起你的雙手並向胸前伸直出去，兩個手掌心相對。現在把你的右手掌翻轉向天花板，左手握拳，拇指向外伸出，然後轉向天花板。好！現在閉上你的眼睛──做七次深長而緩慢的呼吸──想你的手是在現在這個位置。同時注意聽我說話，請你發揮想像力──現在我放一本很重的書在你的右手掌上，書的重量把你的右手壓下去，書的重量越來越重──越來越重。現在請你再想像，我正把一個大氣球拴在你的左手拇指上，你感覺到左手變輕了，因為大氣球把你的手向上拉起──越拉越高──你的左手也越來越輕──越來越輕──手越提越高了──感到很輕很輕。現在你的左手正在提升，你的右手正在下垂。現在再發揮你的想像力──我再加放另一本很重的書在你的右手掌上──它越來越重──越來越重──你的右手壓得越來越低──越來越低──同時你的左手提得越來越高（5）。現在張開你的眼睛，看看你自己的雙手。

　　如果他沒有任何反應，說明他不接受啟示。如果他的兩手分開1/3，是輕度催眠對象；兩手分開一半，是中度催眠對象；兩手全部張開，是深度催眠對象。

　　這個測驗也稱為指標測驗。對象通常很驚奇他的兩隻手明顯分開，因為他自己沒意識到他的手在移動。如果他反應很好，應該稱讚他的心神高度集中和逼真的想像力；如果他反應不好，千萬不要對他表示失望，告訴他還可以用其他的方法測驗。

向後傾倒測驗

你請他站在你的面前，雙手垂放在身體兩旁，閉上眼睛……然後你走到他的背後，用雙手頂住他的兩個肩膀，然後對他說：

請你發揮你的想像力——有一陣強風向你迎面吹來——風力正在逐漸加強——我現在開始從1數到10，每數一次，風力逐漸加強一級。1——風力正在加強。2——風力正在加強。3——你的身體感到強硬和僵直，4——5——你的身體正在向後傾倒——向後傾倒，向後傾到——6——7——風力更加強——風力更加強——8——9——你正在向後傾倒，你失去了重心，你開始向後倒，我會接住你。10——讓你自己向後倒——。（這時你一定要在後面接住他，他會快速搖擺不穩，向後倒下，猶如一塊石頭拋向地面。但這個測驗不適用於診所。）

以上所列的可催眠性測驗方法，僅提供參考，當應用在個別對象的臨床催眠療法時，不一定有密切關聯。

催眠的步驟

催眠的步驟分為：

1. 導入催眠
2. 深入催眠
3. 指導性發揮想像力
4. 精神高度集中
5. 正確啟示和自我啟示
6. 喚醒（解除）催眠

在導入催眠前，必須做一些準備功夫。首先，要讓身心鬆靜。我們知道，佛、儒、道家的靜坐冥想和氣功，都具有催眠的特性，要想達到最高的境界，需要經過幾個步驟。如禪修，首先要禪定，引進身體鬆弛，才能導入定境。定，是要求精神高度的集中，即要將散亂的意念，用一定的方法集定於一處。修練禪定要求「住閉靜處，調身調息跏趺宴默，舌柱上，心注一境。」也就是說，要選擇安靜的環境和注意呼吸，才能漸漸禪定，這相當於現代的導入催眠。

天台宗的「止觀法門」，包含了幾個催眠的步驟。所謂止，即是定（止寂、禪定），掃除妄念，專心一境，故又稱定慧、寂照與明靜。這也是指精神要高度集中。觀，就是慧，是在止的基礎上啓發智慧、辨事理，相當於自我催眠啓示。止觀法門中所指的調身、調息和調心，就是具有中國特色的催眠方法。調身就是放鬆身體，調息就是練習呼吸，調心就是調定心情。調心又分三步：（1）入定：相當於催眠導入法；（2）住定：深入催眠法；（3）出定：相當於喚醒催眠（或解除催眠）。

每當止觀法修練結束時，要根據「出定調身、調息、調心方法」進行，不要倉促，要漸漸由靜入動，以免造成不良後果。《童蒙止觀》指出：「行人若坐禪將竟，欲出定時，應前放心異緣，開口放氣，想從百脈隨意而散。然後微微身動，次動肩膊及手頭頸，次動二足，悉令柔軟再次以手遍摩諸毛孔，再次摩手令暖，以掩兩眼，然後開之。待身熱稍歇方可隨意出入。若不爾者……心出既頓促，則細法未散，住在身中，令人頭痛，百骨節強，猶如風勞，於後坐中煩躁不安。是故心欲出定，每須在意。」與喚醒催眠過程非常相似。

　　儒家孔子的學生顏回擅長靜坐，在《莊子‧大宗師》中曾描述：「顏回曰：回坐忘矣。仲尼蹴然曰：何謂坐忘？顏回曰：墮肢體，黜聰明，離形去知，同于大通，此謂坐忘。」這就是高境界的自我催眠。孔子在《大學》裡也說：「知止而後有定；定而後能靜；靜而後能安；安而後能慮；慮而後能得。」是靜默想——自我催眠後所得到的正面結果。

　　至於道家的老子，強調進入「鬆靜」，要「專氣致柔」（專心呼吸，致力鬆柔），還要「滌除玄覽」，即消除雜念，才能進入靜觀。道家的練靜方式是盤腿而坐，意守丹田。釋迦牟尼講究定，在定之前他強調戒，就是要戒掉一切慾望與雜念等，頭腦裡空了，才能安靜下來。所謂「清淨無為」就是這個意思。佛家以盤腿而坐念佛號，達到鬆靜境界。

　　基督徒入靜的方法，是虔誠祈禱。祈禱，經常是坐直，可以幫助身體做長時間的放鬆。基督徒祈禱入靜的方法，是心中要默想「上主居住在自己的聖殿內，整個大地在他面前都應肅靜」（舊約‧哈巴谷2：20）。基督徒排除雜念的方法，只要心中默念「主，耶穌基督」之名或《玫瑰經》，所有的雜念或妄想均會消失，「致使天上、地上和地下的一切，一聽到耶穌的名字，無不屈膝叩拜。」（斐理伯書2：10）

導入催眠法

　　催眠身心放鬆法應注意的事項：

　　1.選擇安靜的環境，避免電話、電視、音響或人聲音的影響。

2. 避免強烈的光線刺激。

3. 脫下眼鏡、手錶、鞋襪，穿著寬鬆的衣服。

4. 不論選擇坐著或躺著的位置，都要讓自己覺得舒服。

5. 要閉上你的眼睛，放鬆你的肌肉，用深而慢的自然呼吸。

進入催眠前，首先要讓催眠對象慢慢的身心放鬆，然後再引導進入催眠狀態。

漸進式催眠身心放鬆法講稿

請你坐在沙發上（或椅子上、床墊上），背舒服地靠著它，兩腳與肩同寬，雙手平放在膝蓋上。我現在告訴你如何放鬆自己，使你的身體和內心感到輕鬆、愉快和寧靜。

現在開始把你的眼睛向頭頂上翻看三次——然後眼睛向頭頂後仰望，越向頭頂後仰望越好，不要把頭向後仰——用眼睛向頭頂後仰望——繼續向頭頂後仰望——你的眼睛會慢慢的感到疲倦和勞累——你的眼皮也會慢慢拉緊和沉重——越來越拉緊，越來越沉重——你覺得昏昏欲睡，昏昏欲睡——更昏昏欲睡——很快你就會閉上眼睛——現在，請你閉上眼睛，一直到我叫你張開為止。現在，注意聽我說的話，我的聲音——做七次深長而緩慢的呼吸（5）。

請放鬆身體的每一個部位，從頭頂一直放鬆到腳底下，你會感到很舒服、很安寧——現在先放鬆你的前面額頭——放鬆你的眼睛——放鬆你的嘴唇和下巴——放鬆你的脖子——沿著你的背，一直放鬆下去，直到你的臀部（5）。

把注意力放在放鬆上面。深深的吸氣，慢慢的呼氣——你的

呼吸深、慢而有規則，深慢而有規則——當你把氣呼出去的時候，心裡對自己說：「放鬆」兩個字，重複又重複，直到我叫你停止——。不要想別的事情，如果周圍有嘈雜的聲音，不要理它，讓它像風一樣吹過去，慢慢的消失，遠離你，無影無蹤（5）。周圍的聲音對你不重要，不要理它。現在，不論你聽到任何的聲音，都將會幫助你進入更深的放鬆。如果你覺得頭腦裡有一些雜念出現的話，讓它來去自如，不要理它，讓它像風一樣吹過去，慢慢的消失，遠離你，無影無蹤（5）。

　　再把注意力放在背部和身體其他部位上面，如果你覺得哪一部分緊張的話，就放鬆它——現在放鬆你的肩膀——放鬆前面的肩膀和後面的肩膀——放鬆你的右手臂——一直放鬆到手指尖（5），放鬆你的左手臂——一直放鬆到手指尖（5）。

　　放鬆你的腹部——放鬆你的右大腿——一直放鬆到腳趾尖（5）。放鬆你的左大腿——一直放鬆到腳趾尖（5）。

　　現在，請注意你的呼吸。每次把氣呼出去的時候，請放鬆一次整個身體——一次一次地把氣呼出去，一次又一次地放鬆整個身體——你的整個身體會感到非常的輕鬆和舒服，從你的頭頂——一直到你的腳趾尖（5）。

　　請再一次注意你的呼吸。每次把氣呼出去的時候，放鬆一次整個身體——你一次一次把氣呼出去，一次一次的放鬆整個身體——你的整個身體也一步一步的進入完全放鬆的狀態（5）。你的內心也一步一步的進入安定和寧靜的境界（5）。

　　現在，深深的呼吸——繼續深深的呼吸（5）。深深的吸氣，慢慢的呼氣——深深的放鬆——深深的安寧——呼出去所有的疲勞——呼出去所有的緊張——呼出去所有的憂慮（5）。深

深的吸氣——慢慢的呼氣（5）。如果心裡有任何難過或不愉快的事情，不要壓抑住，讓它釋放出來，如果你想哭的話，就哭出來——這樣你的內心就會感到舒服、輕鬆和愉快。

現在請留意你呼吸的管道。你吸入大量的空氣，通過你的鼻孔，進入整個肺部——你感覺到空氣怎樣的進入你的肺部——同時，你也感覺到你的心臟，把新鮮帶氧的血液，輸送到你身體的每一個部分——好像一股暖流，通過你的全身——愉快的舒暢的暖流（5）。

現在，你也察覺到你的手臂和手指——你的手臂和手指充滿著血液，開始膨脹、厚實和溫暖——你也開始覺得全身輕鬆——輕鬆得好像你飄浮在椅子上（沙發上或睡墊上），也好像你漸漸的飄浮在空氣中——輕輕的飄，慢慢的浮——越深，越深，越深——又飄又浮，越深越深和越深（5）。

現在，你的全身完全放鬆了——你是如此的平靜，如此的安寧，如此的舒服（5）。（在此可根據具體情況，接下面的深入法講稿中之（1）、（2）、（3）或（4），目的是讓催眠對象進入更深層的催眠放鬆境界）。

深入催眠法

是讓催眠對象進入更深層的催眠狀態。但必須注意，在深入催眠法講稿之後，要接讀喚醒法講稿，使催眠對象能夠覺醒。深入催眠法可分為啟示式、想像力式和安慰式三種，可以選擇任何一種。其講稿如下：

1.啟示式講稿

　　再讓你自己更深的更深的放鬆——同時聽我說的話。讓你的雙手和雙腳，慢慢的沉重、柔軟和無力——沉重、柔軟和無力（5）。完全的放鬆——再讓你的雙手和雙腳，慢慢的沉重、柔軟和無力，更沉重，更柔軟和更無力（5）。

　　再讓你額頭上面的肌肉，深深的放鬆，更深的更深的放鬆——你的頭部變得鬆軟（5）。再讓你眼睛四周的肌肉，深深的放鬆，更深的更深的放鬆（5）。再讓你嘴巴的肌肉，深深的放鬆，更深的更深的放鬆（5）。再讓你的下巴的肌肉，深深的放鬆，更深的更深的放鬆——你感到下巴有重量（5）。

　　再讓你的頸部肌肉，深深的放鬆，更深的更深的放鬆——你的頭部也同時覺得沉重、沉重和沉重（5）。再讓你的背部肌肉，深深的放鬆，更深的更深的放鬆——同時你覺得自己正在下沉、下沉——深深的下沉在椅子上（或沙發上或睡墊上）。

　　再讓你自己深深的下沉，深深的下沉——深深的放鬆，深深的放鬆——再深深的放鬆（5）。你放鬆得越深，越深，你就會越感覺到已經進入自己內心深處，很深很深的自己內心（5）（如有需要，在此可插入有益的啟示，請看後面的有益啟示講稿）。

　　記住！下次你自己做身心放鬆的時候，你會很快的進入放鬆狀態，只要你閉上眼睛，做七次深長而緩慢的呼吸，然後每次呼氣出去的時候，心裡對自己說「放鬆」兩個字，你就會立刻進入深深的寧靜境界。

　　記住！下次你自己做身心放鬆的時候，你會很快的進入放鬆

狀態，只要你閉上眼睛，做七次深長而緩慢的呼吸，然後每次呼氣出去的時候，心裡對自己說「放鬆」兩個字，你就會立刻進入深深的寧靜境界。

再一次記住！下次你自己做身心放鬆的時候，你會很快的進入放鬆狀態，只要閉上眼睛，做七次深長而緩慢的呼吸，然後每次呼氣出去的時候，心裡對自己說：「放鬆」兩個字，你就會立刻進入深深的寧靜境界。（接讀喚醒法講稿）

2.想像力式講稿一

現在，請你發揮想像力——你正站在一個平台上，平台的後面是一棟房子（5）。平台是用美麗的瓷磚砌成，平台上面放著很多漂亮的盆景。平台下面是一片寬闊翠綠的園地，園地的中間種植著好多種正在開放的花，顏色有紅、黃、白、藍和紫等，非常鮮艷美麗，同時吐放出芳香的氣味。園地兩旁有噴水池，在陽光的照射下，噴出的水霧反映出七彩顏色，非常好看！還有小橋流水貫穿園地中間，加上鳥語花香，真是一幅令人陶醉的春天景色！等一會，我請你從平台上，沿著台階慢慢的走下去。在未走下去之前，你看到台階的兩旁，放著好多漂亮的盆景，迎著柔和的春風，令人心曠神怡！台階共有十級。等一會，我將從台階上面，慢慢的開始數從1到10。我數一次，你走下一個台階。你每走下一個台階，你自己就進入更深更深的安寧睡眠。好！現在開始走下台階去，1——2——讓你自己進入深深的睡眠，深深的睡眠。3——更深更深的安寧睡眠。4——5——暫停一會，你已經走下一半台階了。同時注意，現在你已經遠離世俗的世界了。當你進入更深更深的寧靜睡眠，世俗的世界也離你更遠更遠了。現

在繼續走下去，6——7——8——快走到底了。9——10——好。深深的安寧，深深的睡眠，你已經進入自己內心深處，很深很深的自己內心。你的身心感到深深的放鬆，深深的安寧，無限的愉快，無限的舒服！（接讀喚醒法講稿）。

3.想像力式講稿二

現在，請你發揮想像力——想像你正站在自動電梯門口，等著電梯的門打開（5）。注意這棟樓共有十層，你現在是站在第十層樓上等待電梯——當電梯的門打開，你就慢慢的走進去，把門關閉（5）。等一會，我會叫你按鈕，電梯就會開始慢慢的下降，你也會慢慢的進入安寧睡眠（5）。電梯每下降一層樓，電梯門上的燈會亮一下。我也會數一次——當我數的同時，你也一步一步的進入更深更深的安寧睡眠（5）。現在請你按電梯門上的鈕，電梯開始慢慢下降了。10——9——你進入更深更深的安寧睡眠（5）。8——7——你離開世俗的世界，你離開世俗的世界也越來越遠了（5）。6——5——更深的更深的安寧睡眠（5）。4——更深更深了（5）。3——2——快到了——1。好！再讓電梯下降到地底層（5）。現在電梯的門打開，你走出電梯，走向地底層的出門口，站在那裡等一會——我會請你把門打開，走出去（5）。然後，你會發現那是一片你內心最喜歡的天地，完全與世隔絕的世界（5）。你在這個天地裡，深深的進入自己的內心世界，自己很深很深的內心世界（5）。好！現在把門打開，走出去，然後把門關起來（5）。看！所有的憂慮和煩惱，所有的緊張和壓力，所有的恐懼和痛苦，全部都遠離你了——越來越遠離你了——現在你到你那最喜歡的天地裡了。你可

以盡情的享受和陶醉——（接讀喚醒法講稿）。

附註：不論用下台階或電梯的想像方式，當數台階或電梯數目時，最好與病人的呼氣節奏吻合，尤其宜用慢速度。

4.安慰式講稿

你手裡拿著一個噴水瓶，告訴被催眠的對象，這瓶子裡裝的是身體放鬆劑，你會噴在他的後頸部，讓他的肌肉放鬆。講稿如下：

請你發揮想像力——閉上你的眼睛，做七次深長和緩慢的深呼吸——我現在噴放鬆劑在你的後頸部，它會使你的身體放鬆——整個身體放鬆——你會進入深深的安寧睡眠（5）。你的眼睛開始感到疲勞，沉重拉緊——你很想睡覺——很想睡覺——放鬆劑正在發生作用——你的身體在放鬆——全部的放鬆——你進入深深的安寧睡眠。（接讀喚醒法講稿）。

附註：放鬆劑方法，也可以用來消除心理緊張引起的疼痛如頸痛、肩膀痛和背痛等，效果很好。

喚醒法講稿

現在如果你想繼續放鬆下去的話，就放鬆下去，不必注意聽我說話，我的聲音，你可以繼續安寧的睡眠，直到你想起來的時候，就張開你的眼睛，你會感到舒服、平靜和安寧。等一會，我會叫醒你。我會倒數，從4到1，數到1的時候你就會醒來。當你醒來之後，會感到非常的舒服，非常的平靜，非常的安寧，沒有緊張，沒有疲勞，也沒有憂慮。你充滿信心和精力。當我開始倒

數4的時候，你會移動雙腳和雙腿——倒數3的時候，你會移動你的雙手和雙手臂——倒數2的時候，你會移動你的頭和頸——倒數1的時候，你會張開你的眼睛。

　　記住！如果你處在深深的寧靜睡眠中，有任何事情發生需要你處理，或有緊急事故發生的話，你會立刻停止睡眠，張開你的眼睛，回復到高度警覺狀態，你可以處理任何事情。如果你想醒來的時候，只要心裡從4倒數到1，你就會慢慢的醒來。當你倒數到1的時候，你就會張開眼睛，回復高度的警覺，同時感到舒服、愉快、平靜和安寧。

　　現在，我開始倒數，4——移動你的雙腳和雙腿——3——移動你的雙手——2——移動你的頭和頸——1——張開你的眼睛。你感到清新，平靜和充滿精力。

眼睛注視法催眠講稿

　　這個講稿包括導入和深入催眠法在內，即事先在高於眼睛視野的地方，放置一根蠟燭或一個紅色的電燈泡。如果你覺得催眠對象適合，可以應用這個方法。

　　現在，請你用眼睛注視著那一點小紅光，同時留意聽我說的話。你是否能進入深深的放鬆，寧靜的睡眠境界，完全決定於你自己的意願與合作，與你的聰明才智無關。如果你要用意志力來控制不進入放鬆和睡眠的話，完全可以。換句話說，如果你專心的聽我說話，我的聲音，同時按照我的話去做，你就會很容易的進入深深的放鬆，和寧靜的睡眠境界的。

　　現在，請你全身放鬆，讓你自己覺得舒服。你用眼睛繼續注

視著那一點小紅光，全神貫注的注視它，注視得越久越好。

完全地放鬆你的身體，放鬆身體的每一個部位。放鬆大腿和小腿，一直放鬆到腳趾尖。放鬆你的一雙手臂，一直放鬆到手指尖。確定你自己覺得很舒服。再讓你自己的身體完全放鬆，深深的放鬆，深深的放鬆，更深更深的放鬆，完全放鬆，完全放鬆，完全放鬆。

你的雙腿覺得柔軟和沉重，沉重和柔軟。你的雙手沉重，沉重，沉重得好像一塊鉛板。你的整個身體變得沉重，沉重，更沉重。你感到疲勞想睡，疲勞想睡。你感到昏昏的想睡，昏昏的想睡。你的呼吸緩慢而有規則，緩慢而有規則。

你的眼睛繼續注視那點小紅光，你的眼皮會沉重和收緊，眼睛感到疲勞和溼潤，眼皮收緊慢慢的加強，越來越加強，越來越加強。你很想閉上眼睛，完全放鬆，但請你暫時保持張開一會兒，你很快會達到極限。現在你的眼皮越拉越緊，越來越沉重，沉重，眼睛越來越疲勞，越來越沉重，你的眼睛完全閉上了。

現在你完全的放鬆，完全的放鬆。你覺得溫暖和舒服，溫暖和舒服。你疲勞得昏昏想睡，疲勞得昏昏想睡，想睡，想睡，很想睡。舒服而想睡，舒服而想睡。你專心留意聽我說話，你會覺得很愉快的想睡覺，你越來越覺得想睡覺，昏昏的想睡覺，很快你就會進入深深的睡眠。但是你還會聽到我的聲音，你繼續的睡眠，直到我叫醒你為止。現在我從1開始數，每數一次，你將會進入深深的深深的睡眠，很深的很舒服的睡眠。在睡眠裡你可以聽到我的聲音，1——你進入深深的睡眠——2——更深更深的睡眠——3——4——再深再深的睡眠——5——6——7——你正在下沉，下沉，深深的下沉，沉入很深很深的睡眠。沒有任何事情

可以干擾你，你只聽到我說話，我的聲音，以及我叫你做的事情。8──9──10──11──12──再深再深和再深睡眠，繼續的再深睡眠──13──14──15。不論你睡得多深，你還是可以聽到我說的話，我的聲音。我將會告訴你許多對你有益的事情，讓你自己去體會──19──20。進入深深睡眠！一直到我叫醒你為止。

　　現在，你覺得很舒服和放鬆。不要想任何事情，只聽我的聲音，我的說話，你的雙手和雙腿覺得沉重──你的雙手和雙腿覺得沉重──你在放鬆，放鬆，你的整個身體在放鬆，深深的放鬆！你覺得自己正在向後退，後退入黑暗中，當你後退入黑暗中，你會更深更深的放鬆，更加更加的舒服，你正後退入黑暗中，正後退入黑暗中，你覺得更加更加的舒服，更深更深的放鬆。你只聽我的說話，只聽我的聲音，不要想任何事情，絕不要想任何事情，專心留意聽我說的話，只聽我說的話，只聽我的聲音，你覺得舒服和放鬆，舒服和放鬆，當你後退入黑暗中，你覺得想睡，昏昏的想睡，昏昏的想睡，非常的想睡。你不要想任何事情，只聽我的聲音，你覺得舒服和放鬆，舒服和放鬆，你的呼吸深慢而有規則，有規則而深慢，呼吸深而慢，深而慢──呼吸有規則和深慢──你的睡眠正在加深，加深，更加深，更加深。當你後退入黑暗中，你的睡眠進入更深更深和更深的境界。你覺得舒服和放鬆，同時聽我的聲音，只聽我的聲音，你的呼吸深慢而有規則，深慢而有規則，睡眠更深更深──更深，更深睡眠──很舒服和很愉快，很寧靜和很平安的睡眠──進入很深很深的睡眠──你的呼吸深慢且有規則，深慢且有規則。你已進入很深很深的睡眠之中，很深很深的睡眠之中！

　　從現在起，大約3分鐘的時間，你不會聽到我的聲音，你專心的進入深深的，寧靜的，舒服的睡眠──很好，你的睡眠已經進入很深很深了（停3分鐘）。（接讀喚醒法講稿）

第五章
自我催眠啓示：發揮你的潛能、改變你的人生觀、指導你走向成功的道路

　　我們知道，人的心靈意識包含兩個部分：醒意識和潛意識。我們的醒意識經常用來評價外在的世界，譬如人的行爲、身體和外在的物質等，而不去反映存在於內心的環境。潛意識是生命的寶庫，它包涵著豐富的智慧、無限的聰敏、強大的潛力及卓越的洞見。潛意識也是生命的泉源，充滿了希望、想像與理念。一位大哲人說過，「人的理念和想像力是一種無形的力量。」的確，只有當我們產生新的理念和想像力的時候，才能夠有力量改變自己，建立起正確的人生觀。美國心理學之父威廉‧詹姆斯（William James）說得對：「你的潛意識力量可以移動整個世界！」你的無限潛能，蘊藏在你的潛意識裡。潛意識的力量，是促進我們人格發展和身心健康的無窮盡資源。如果你會運用自我催眠啓示，就可以激發出這無窮盡資源，指導你走向成功的人生道路。因爲自我催眠啓示，包涵自我催眠和自我啓示兩個部分，即首先自我催眠，然後自己啓示自己，不斷重複正面有益的啓示，要達到預定的目標，它將會深深根植入你的潛意識裡，使你成功地達到人生的目標。此外，自我催眠還能帶給我們生命很多的益處：充足的能量、健康的身體、恆靜的心境、豐富的想像力

和智能、滿意的成就、喜樂和幸福的人生等。

現代心理神經免疫學、精神及身體醫學等研究證實，我們的內心（精神）狀態對身體的機能具有很大的影響。因爲心理（精神）的活動過程，可以直接影響身體的免疫系統和內分泌系統（荷爾蒙）的平衡功能，使身心發生變化，而直接引起思維方式的改變。你只要能夠引導自己進入輕度的催眠狀態，就可以打開自己的潛意識之門，並且與它溝通。自我催眠能夠使你的腦波進入 α 與 θ 的狀態，即進入潛意識狀態。在一般情形下，我們的醒意識要與潛意識溝通，必須通過感知、做夢和直覺感應等才行。但自我催眠卻能夠讓我們很快的進入潛意識狀態。只要你能夠處於輕度催眠狀態下，就可以做到。你進入輕度催眠狀態，是很重要的一個步驟。因爲明顯的理由，是要讓你自己能夠有意識的給自己啓示。如果你已進入了深度催眠狀態，如催眠夢幻或離魂等，又如何能夠給自己有益的正面啓示呢？在這狀態下，你的意識將會高度的集中，你的想像力將會更加的豐富與鮮明。

我們身體的任何疾病或症狀的發生，如果是由於內心所引起的，我們就可以運用自我催眠啓示的方法，激發出內心的力量來治癒它。

自我催眠啓示如果能夠適當的應用，對我們身心靈的健康將會有很大的幫助，它可以治療許多身心疾病。自我催眠所以能夠治療疾病，不是催眠本身具有什麼神秘的力量，而是在催眠狀態中，病人的潛意識接受了自我治療啓示，發揮潛在的免疫功能所致，促使疾病康復。在身心深度放鬆和精神高度集中的狀態中，潛意識對自我有益的重複正面啓示，具有高度敏感性與接受性，它會深深地刻入你的潛意識裡，使你成功的達到目的，包括減

肥、戒煙、戒酒、控制暴躁脾氣、消除緊張、壓力、恐懼、焦慮
和憂鬱情緒，減輕及消除壓力所產生的症狀或疾病等。

　　在日常生活中，有時候我們醒意識認為的道德標準，不一定
與潛意識深處的人格協調，甚至埋藏在內心深處的想法、認知和
願望等，還會與我們自己真正的人格相衝突。只有在催眠狀態
中，我們的潛意識才會顯露出真正的感覺和人格標準。許多埋藏
在潛意識裡、破壞性、原始性的衝動，如恐懼、嫉妒、憤怒、說
謊、害人、連續性抽煙、過度性酗酒、強迫性過食以及其他神經
性習性等，只有在自我催眠狀態下，接受自己正面而有益的啓示
後，才能夠克服或消除。

　　在此，要特別強調：自我啓示催眠不同於靜坐冥想。靜坐冥
想只是讓人從問題中解脫出來，比較容易導致人的思想混亂、脫
離現實和逃避責任。自我催眠啓示是讓人去找出問題發生的原
因，提出解決問題的方法，最後去克服或消除問題。自我催眠啓
示的一個重要特徵是：內在精神的高度集中，排除外在的干擾，
讓想像力高度發揮，從而提供內在指導方向和自我保護作用，使
內心得到平靜和安寧。雖然靜坐冥想和自我催眠啓示，兩者都可
以消除內在的緊張和壓力，使內心感覺舒暢，增強應付和適應環
境的能力，使人暫時解脫現實，但當現實轉變為很大的壓力時，
靜坐默想往往就會使人有避世的想法。而自我催眠啓示會使人應
用和發揮啓示力量讓想像力或個人的計畫和目標，可以進入潛意
識裡，被潛意識所接受，智慧和潛能容易發揮出來，達成事半功
倍的效果。

　　每一個人都具有強大的潛力，只要加以適當的鍛鍊，就可以
發揮出來。自我催眠啓示是自強的捷徑，可以激發出我們的潛

能，幫助我們達到自己選擇的目標。

　　所有的催眠都是自我催眠。人類具有自我啓示的能力，每一個人都可以學會自我催眠啓示的方法。自我催眠啓示是屬於最高層次的精神意境，它的力量是無限的。

讓你做出奇妙的事來

　　一個畫家極愛繪畫，但經常缺乏信心。自從學會自我催眠啓示之後，他開始能夠發揮出豐富的想像力，終於畫出非常美麗的圖畫，獲得了幾次美術獎。歷代不少著名書畫家都具有豐富的經驗，知道寫好書畫必須「凝神靜思，端己正容，秉筆思生，臨池志逸」；「收視返聽，絕慮凝神，心正氣和，則契于妙；心神不正，字則歆斜；志氣不和，書必顛仆。」這就是進入潛意識狀態後，精神高度集中所獲得的結果。

　　一位女作家說，當她寫作的時候，曾經好幾次腦海裡呈現一片空白，不論如何絞盡腦汁，也寫不出一個句子來。自從學會了身心放鬆及自我催眠啓示方法後，她的想像力能夠高度發揮，促使創作的靈感源源不絕，結果寫出了幾本最暢銷的著作。

　　一個音樂家學會了自我催眠啓示後，使她潛意識裡交織著交響樂章的美妙旋律，結果譜出了非常優美動人的音樂作品。

　　有一位建築師，每當他開始設計之前，先做十分鐘的自我催眠啓示，啓示自己的潛意識說，「在我腦海裡，要同時出現五種不同的建築設計圖案。」結果他設計出了最好的建築物。

　　一位科學家利用自我催眠啓示方法，促進他的創造與發明過程。

　　有一位社會名人每被邀請當貴賓，需要向公眾演講的時候，經常會出現急性恐慌和緊張情緒，自從學會自我催眠啟示後，他就能夠很鎮定的演講了。

　　很多學生懂得自我催眠啟示後，能夠發揮出高度想像力和潛能，也增強了記憶力，特別是影像記憶力和速讀能力。不只學業大大地進步，在考試時候也立刻在腦海裡召回所有學習過的功課，獲得優良的考試成績。

　　也許，你會覺得以上的事情很奇妙。但這只不過是運用自我催眠啟示獲得成功的幾個例子而已！

　　古今中外，許多著名人士都會應用自我催眠啟示。例如，孔子在《大學》裡說過，「知止而後有定，定而後能靜，靜而後能安，安而後能慮，慮而後能得。」這相當於自我催眠後，所得到的正面效果。老子處在靜坐冥想中，感覺舒服無比，他把這種美妙感覺描寫得無以復加，在他著名的《道德經》裡，我們看到他除了闡述政治與哲學的見解外，還對鬆靜養生哲學提出了可貴的見解，對於後世的養生學和道家氣功的發展起了很大的作用。

　　詩人李白在昏昏酒醉時（進入催眠狀態的 α 和 θ 腦波），寫出了不少與酒相關的美麗動人詩篇。例如〈月下獨酌〉中，描繪了「舉杯邀明月，對影成三人」的醉意。還有在〈將進酒〉裡，寫出「但願長醉不願醒。古來聖賢多寂寞，唯有飲者留其名」這種英雄酒醉豪情的詩句！因為人在微醉時，就進入催眠的狀態，在頭腦裡產生豐富的想像力及影像，激發出取之不盡的創作靈感泉源。

　　奧地利音樂家莫札特就經常坐馬車出去曠野，在大自然中放鬆自己的身心，寧靜地傾聽迴響於大自然中的樂章，使他譜出了

優美動人的樂曲。德國的貝多芬，在他耳朵聽不見的情況下，發揮了高度想像力，譜出了偉大不朽的交響樂章。

　　美國發明家愛迪生發明了電話、電報和電燈的時候，說自己的發明能力是「來自於宇宙中的無限力量」。這種宇宙中的力量，大部分都是他在身心放鬆的時候得到的，也就是自我催眠啓示中激發出來的。著名科學家愛因斯坦也說，他能夠發現相對論，是依靠直覺想像力而得來的。他指出「想像力比知識還重要，因爲想像力是來自精神的中心。」當他研究光的原理感到困惑難解時，就在日內瓦湖上划船，身心放鬆的仰望著天際星空，突然間湧現靈感與想像力，使他悟出了光的奧妙——原來光是可以折射的！在自我催眠啓示狀態，人們的想像力能夠發揮到最高程度。在美國一項對富有創造力的科學家所做的問卷調查中，發現80％以上科學家的創造靈感，是在自己潛意識直覺中出現的。我們知道，著名化學家居禮夫人發現苯環結構的時候，是在睡夢（潛意識）中。

　　美國著名企業家亨利‧福特，經常靜坐默想（相當於自我催眠啓示）來思考如何解決問題，使他能夠成功的計畫與安排他的龐大事業。獨處思考、靜坐默想或瞑目打坐、身心放鬆、靜觀祈禱，或獲得神的啓示而出現預感或想像力等，雖然形式不同，但都具有共同的特性——自我催眠啓示。

　　藝術家、音樂家、作家、詩人、科學家、發明家和企業家等，他們都會運用自我催眠啓示的力量，進入想像中的世界，從而迅速感應到宇宙訊息的波動，準確地把握時代脈動，促使他們能繼續不斷提升，達到超過常人的成就。

　　1964年，東德首先應用催眠方法來增強奧林匹克運動員的能

力，獲得很大的成就。接著蘇聯也用催眠方法來訓練奧運選手。
1978年後，世界上每一個國家都應用催眠方法來訓練他們的奧林
匹克運動員。現在，所有運動心理學家和頂尖運動員都知道，當
身體運動機能相等時，精神的準備和強大的意志力能決定成敗。

有益健康

　　根據醫學統計，病人75％的症狀，都是壓力所引起的。世界
衛生組織指出，西元2000年後，影響人類最大的病害——心臟病
和憂鬱症——將會繼續增加。在現代社會，憂鬱症是人類內在的
頭號殺手，也是心臟病的主要誘因之一。換句話說，心理因素是
許多疾病發生的主要原因。透過自我催眠啓示，可以幫助你消除
這些因素，預防心理引發的身體疾病。即使對於身體或器官性的
疾病，甚至癌症，透過自我催眠啓示，也能夠幫助病人發揮內在
潛能，增強求生意志力，減少對疾病的擔心和恐懼，增強抵抗
力，促進身體迅速康復。同時，還幫助你鎮定與安寧的應付手術
治療，以減少傷痛及加速傷口的癒合。

幫助你成長

　　成長的涵義相當豐富。它包含了生命的和諧、智慧、知識、
聰敏、明達、道德、勇氣、良善、信心、正確和健康的價值觀，
善與人和平相處，勇於面對現實，禁得起困難、挫折、不幸與痛
苦，總是勇往直前，並熱心為人服務。這些特性都是人類追求的
目標，並非一夜之間就能夠達到，需要每天的自我催眠啓示和自

強的訓練，幫助你成長，才能夠實現。這就是精神的健康，精神的力量！

發現和建立新的你

　　透過自我催眠啓示，你將會開始相信自己，得到從來未有過的信心與力量。你所有的正面想法和思考都會表現出來，在你的人生過程中，激發出生命的活力與潛能，使你體會到一個新的你正在成長。

　　自己的正面想法，是自我進步計畫的第一步。要成為一個新的人，你首先要建立起自愛、自尊、自信和自足的感覺。你的前途，決定於你對自己的想法。當然，你不能期待自我催眠啓示立刻為你建立起新的理念，做出許多奇妙的事情來。但你首先必須認真的愛自己──新的自我，自我催眠啓示就可以幫助你達到這個目的。如果你能夠先達成這個目的，人生的其他目的也就會隨之實現了。

往好的方向轉化

　　自我催眠啓示是把資訊輸入人腦意識中樞──間腦──最有效的方法之一。催眠啓示可以消除緊張和恐懼的情緒、糾正不良的習性、控制體重、幫助你戒煙戒酒，使你建立起良好的記憶力，激發出豐富的靈感與強大的創造力，轉化你的神經質成為能量的來源，讓你能吸引和得到更多的愛，以及發現更豐富的生命。當你會運用自我催眠啓示的力量後，就可以實現你真正目的

與願望，促進你往好的方向轉化了。

成功的安排計畫

　　自我催眠啟示可以使你的想像力、集中力、記憶力、創造力以及生命能量，發揮到最高境界，幫助你做出良好的計畫，善於安排時間及處理日常生活。如果生活沒有計畫安排，猶如航行沒有指南針、建築沒有設計藍圖一樣。你要達到人生的目標，首先就必須計畫與安排。在生命的過程中，每個人都要妥善做出計畫與安排，例如：做什麼，要什麼，對自己和對他人的期待等等。因此，你首先要具有正面的想法和合理的計畫，這些都可以通過自我催眠啟示做到。你要善於運用自我催眠啟示的力量，把你的知識轉化為智慧，使你成功地達到目標。

增進你的愛情生活

　　愛情與幸福是一種體驗，一種內在感覺，你有一個人能分享美好的事情。愛情與幸福，是人際關係和諧與婚姻生活歡愉的要素。如果你感受到愛在心裡，你就可以用行動表現出來。生命缺乏愛情，猶如鮮花缺乏芳香。愛，可以建立和發展，也可以經由培養而獲得。自我催眠啟示能夠使你變成一個愛自己也愛別人的人。如果你已經結婚或將要結婚，通過自我催眠啟示，你會播下愛的種子在心田，根植在你的潛意識裡，不論做任何事情，都可以和情人分享，促進與伴侶的親密關係。因為愛是一種內心的感受和體驗，可以通過自我催眠啟示而感應、體驗。

成功的要素

催眠啓示療法主要應用於臨床治療。想要自我催眠啓示成功，首先你必須要經常訓練自己，讓自己能夠進入催眠的狀態，特別是有焦慮和恐懼症的人，不容易進入自我催眠的狀態，更必須多加練習。不論在焦慮、恐懼或疼痛狀態下，自己能夠很快的進入自我催眠境界，對治療將會有很大的幫助。自我催眠能否成功，主要的決定因素在於你是否能夠自我放鬆身心、自我啓示、自我分析以及自我治療等。

身心放鬆

自我催眠的第一步，必須練習如何放鬆身心，使你進入內心平靜和安寧的境界。如果你能夠持續地練習身心放鬆4到6個星期，你一定可以進入輕度催眠狀態。當你進入輕度催眠狀態的時候，便給自己正面而有益的啓示，包括超然的宗教信仰、身心健康的願望、理想的目標、必須改正不良習性、需要增強精神力量以及消除病痛等。如果你有良好的記憶力，你可以把身心放鬆方法的講稿記在心裡，每天自我練習一次，很快你就可以進入身心深度放鬆的境界。

自我正面啓示

你要接著練習的是，自己正面啓示自己，並且不斷地重複正

面的啟示，使這些正面的啟示深刻在你的腦神經中樞，根植在你的潛意識裡，它就會發揮出強大的潛力，使你積極行動去實現目標與理想。自我催眠啟示可以治療一些疾病，減輕或消除痛覺，例如，惡性腫瘤病人在學會自我催眠後，能夠把腫瘤形象化，啟示體內的防衛機能，發動它們包圍和攻擊腫瘤細胞，並且想像著腫瘤細胞正在逐漸的縮小，直到最後被消滅，身體重獲健康為止。正面的啟示和想像力，對癌症病人很重要，因為這可以消除他內心的恐懼感，激起求生和恢復健康的希望，對癌症的治療有很大的幫助。舉2位參加第一期生命調理法講座的學員為例：（1）李先生自從學會自我催眠啟示後，應用它治癒了鼻腔內的一塊肉瘤；（2）劉女士運用自我催眠啟示方法，治好了她的子宮腫瘤。癌症病人這種自然康復現象，醫學界稱為「自然消除」。事實證明，病人的康復過程就是在催眠（θ腦波）狀態時達到的。現在，科學家已開始重視這種自然康復現象，不斷地從精神醫學、身體醫學，以及心理神經免疫學等領域，研究和探討這種自然療癒的過程。

自我分析

　　自我分析是改變你的人生觀、建立信心、找到奮鬥目標以及良好生活方式的關鍵。自我分析就是自己分析自己和了解自己。當你進入催眠狀態，即α或θ腦波的時候，你就可以和你的潛意識溝通了。在這個時候，你的意識能夠高度集中，你的想像力能夠高度加強，可以指導你找出問題發生的原因，並提出解決問題的方法，並增強你的身心健康，幫助你的人格成長。

　　如何自我分析呢？首先，向自己提出下面幾個問題，並且認真的回答。

　　（1）自我認知：以直覺反應提出三個問題──我如何看自己？別人如何看我？怎樣的我才是理想的我？

　　（2）我的負面想法對我的身體健康有何影響？

　　（3）我為人是否過度敏感與偏激？

　　（4）我真的要往好的方向改變自己嗎？

　　（5）我對將來有何計畫？

　　（6）我是否經常埋怨或責怪父母及他人，使我有缺點而不易發展？

　　（7）我對於友誼、愛情和婚姻的態度如何？

　　每次自我催眠的時候，自己分析一兩個問題，盡量地找出多種不同的答案。當你醒來的時候，寫下你的答案，並詳細分析與思考你的理念、想法和行為。自我分析，能使你了解自己的缺點，並加以改正。如果你能夠做到真正的自我分析，你將會驚奇地發現，你已經建立新的思想理念和生活方式了。必須記住，「自知」是一個人自律與自強的關鍵！

　　如果你經常做夢，你也可以從夢中分析自己。只要你把夢中的事情記錄下來，並加以分析，你就會發現潛意識裡存在的問題。

接受啟示的方式

　　啟示具有語言和非語言兩種。我們給別人啟示和接受別人啟示有下面幾種方式：

（1）直接啟示：是以語言或行動來表示，以命令的方式或態度指出。例如，「每個人站起來！」、「現在，每個人吃飯！」、「快到這邊來！」等。

（2）間接啟示：主要是以非語言性的動作或聲音做出，使我們在接受和反應的時候沒有感覺。例如：你打呵欠，使別人也跟著打呵欠；你微笑，讓別人也跟著微笑；你往上看，別人也跟著往上看。

（3）推理性啟示：推理性啟示與間接啟示基本上相同，它經常以比較微妙的動作，以非語言的方式做出。例如：以手指的動作啟示「過來！」用點頭來表示你同意或肯定、以握緊拳頭表示要行動。

（4）威望性啟示：這是權威人士所做的啟示。對這種威望性的啟示，我們經常會毫無疑問的接受，因為我們尊敬和相信權威人士的觀點。例如聖人賢哲、偉大領袖的權威教導，或宗教的宣講等。還有，幼兒信任他們的父母、我們相信醫生、學生相信老師等，也屬於威望性的啟示。

（5）感情性啟示：主要以語言、感情來感動或煽動，使人產生相同的情緒反應或行動。例如：呼喊或威脅而使人慌張、以敵對態度或諷刺語言使人產生憤怒、以體貼或同情或情緒表情使人快樂或痛苦。

（6）社交性啟示：在社交場所或選舉政見發表會等所做的啟示，使人產生認同或歸屬感，例如政見宣傳、語言、時髦服裝等。

（7）負面啟示：負面啟示是以消極的語言或感情態度，使它成為人們信仰的一部分。例如說：「除非你很有財富，不然你

不會成功」；「不論你如何努力，都很難升官」；「我長的不好看，不容易結交異性朋友」等。

（8）正面啟示：這是我們生命中真正需要的啟示。例如：「我能夠做好！」、「我一定會努力！」、「我必須做到！」等（I will, I can and I must）。

練習方法

啟示不論是正面的或是負面的，都會在潛意識裡發生重大的影響力。因此，我們需要正面的啟示，避免負面的想法或暗示。正面的啟示可以激發出我們強大的生命潛力，創造出良好的內在環境，促進大腦中樞神經系統和內分泌系統的調節功能，增強免疫力，保持身心健康。真正的治療力量，存在於每一個人的潛意識裡，如果能夠改進一個人的內心狀況，就可以讓自己釋放出治療的力量來。

當你學會了自我啟示的方法之後，對於將來學習自我催眠啟示療法，將會有很大的幫助。因為所有的醫學催眠啟示療法，都是自我催眠啟示療法。自動的接受正面啟示是自強與成功的重要因素，通過經常不斷的練習，可以增強啟示的接受性，使你更容易獲得啟示的效果。現在介紹兩種自我啟示的練習方法：「閉眼練習法」及「吞口水練習法」。

閉眼練習法

首先，在高於眼睛水平線之上，（或在天花板上）選擇一個定點，然後注視著它，同時開始在心中從1數到10，在未數到10

之前，試試看你是否能夠閉上眼睛。

　　講稿如下（不必要硬記，也不用一字不漏的說出來，只依大概內容即可）：

　　當我開始從1數到10的時候，我的眼睛將會感到沉重、溼潤和疲勞——很沉重，很潤溼——很疲勞。甚至在未數到10之前，我的眼睛就會閉上了。在這個時候，我就會進入自我啓示的狀態，能夠直接啓示我的潛意識。同時，我會很警覺，可以知道周圍發生的事情。1——我的眼皮開始沉重——2——我的眼睛開始溼潤——我的眼皮越來越沉重，我的眼睛越來越溼潤——3——我的眼睛感到疲勞——4——我很難保持眼睛張開——5——我開始要閉上眼睛了——6——我的眼皮越來越拉緊——7——我的身體放鬆——完全放鬆——內心平靜和安寧——8——我不能再張開眼睛了——9——我的眼睛睛完全閉上了，我進入自我啓示狀態了——10——我能夠給自己正面的啓示。

吞口水練習法

　　首先閉上眼睛，做七次深長而緩慢的呼吸，並且放鬆整個身體……。

　　講稿如下（你不必一字不漏的講出來，按大概內容就可以）：

　　當我自己開始從1數到10，甚至未數到10之前，我將會自動的吞一次口水。當我吞了一次口水之後，我吞口水的渴望將會停止，恢復正常。1——我的嘴唇乾燥——2——我的喉嚨乾燥——3——我開始渴望要吞口水——4——我要吞口水的渴望正在增強——5——我的喉嚨非常乾焦——6——要吞口水的渴望越來越增

強——7——我不自覺想吞口水——8——不自覺的想吞口水的渴望越來越強——9——我必須吞口水——10——我已吞下了口水。現在，我已進入自我啟示狀態了，非常容易接受正面的啟示。

教導自我啟示法講稿（在深入催眠法講稿後使用）

在一般情形下，如果你要教導別人如何自我催眠，最好是在他進入催眠狀態的時候。當然，在覺醒時也可以練習，但他處在催眠狀態時更容易做到。當他熟悉自我催眠方法後，導入催眠過程可以簡短，甚至應用特別短句如「安和」、「寧靜」、「放鬆」等，可以消除焦慮或恐懼情緒。教導自我啟示法特別講稿如下：

現在我要告訴你如何練習自我身心放鬆法，可以使你進入更深更深的放鬆身心和寧靜睡眠

……當你熟練之後，每天做一次或兩次的練習，你可以在任何時候，用它來消除你的……（疼痛、焦慮、緊張、暴怒等）。首先，選擇沒有人干擾你的地方，不論是坐著或躺著，都要讓你覺得舒服（5）。閉上你的眼睛，深深的吸一口氣，憋住一會，然後慢慢的呼出去，放鬆你的整個身體——心裡面數：1——2——3。當你這樣數下去的時候，你將會更深更深的放鬆（5）。再深深的吸一口氣，憋住一會，然後慢慢的呼出去——心裡面數：4——5——6。當你這樣數下去的時候，你將會更深更深的放鬆，同時感到自己正在下沉，下沉，下沉到現在這樣舒服，平靜和安寧的境界（5）。再深深的吸一口氣，憋住一會，然後慢慢

的呼出去——心裡面數：7——8——9。你將會更深的更深的下沉，下沉到深深安寧的睡眠（5）。現在恢復你的正常深呼吸，自然而有節奏——維持你的正常深呼吸——自然而有節奏。同時把全部的注意力放在數10上面——當你這樣注意數10的時候，不論在任何的時間，任何的地點，你都可以立刻進入到你自己所需要的寧靜安眠深度。同時，可以盡量享受和陶醉在你自己的美麗想像中（5）。幾分鐘之後，你將會張開你的眼睛，你會回到正常的覺醒狀態。並帶給你所有平安、寧靜和舒服的感覺（5）。

記住！如果你自己處在深深的寧靜睡眠時候，有任何事情發生需要你處理，或有緊急事故發生的話，你會立刻停止睡眠，張開你的眼睛，回復到高度警覺狀態，你可以處理任何事情（5）。當你自己想醒來的時候，你只要心裡從4倒數到1，就會慢慢的醒來。當你倒數到1的時候，你就會張開眼睛，回復高度的警覺，同時感到舒服、愉快、平靜和安寧（5）。

以後，你每天要花一點時間練習自我身心放鬆法，你會發現自己很容易就進入深深的安寧睡眠狀態（5）。你內心的安寧會一天一天的加強——更加強——一天一天的長久——更長久。你的健康、你的信心也會與日俱增（5）。等一會，我會叫醒你，然後你自己用剛才我教你的方法，立刻讓自己回到深深的安寧睡眠狀態，來證明我們的成功（5）。（要接讀喚醒法講稿）。

第六章
特別催眠療法：年齡後退

　　過去，很多人去看催眠治療師的目的，只是爲了減肥、戒煙、戒酒，或消除一些不良習慣，例如口吃、咬指甲及磨牙等。現在，大部分有遠見的人，去看催眠師的目的，除了糾正一些不良習慣外，主要是爲了要幫助他們尋找自己存在的問題根源，或去發掘引起身體產生許多症狀的原因，它可能與早期遭受極端嚴重的心靈創傷有關，但經過了若干歲月已經忘記了事情發生的詳細經過。不論是害怕口吃引起的社交關係問題，或是擔心害怕自己的缺點會引起不良的後果等等，都必須找出解決的方法。總而言之，這些有問題的人都有一個共同目的，就是要知道他們自己所發生的問題根源，要求糾正或消除這些問題，並希望過著愉快和幸福的人生。你要達到這個目的，最好的方法就是通過年齡後退催眠療法。

　　當然，簡單的年齡後退本身，並不是一種超然療法。它只是整個療程的一個重要開始，沒有這個開始，不論是催眠療法或其他心理療法，充其量也只不過是在虛飾外表之下的自我披上了一層外衣，來遮蓋著真正的內心所存在的問題而已。如果只是分析以往的經驗，重現痛苦的經驗回憶，反而會傷害一個人的情緒，

這會引起將來發生更嚴重的問題。這好像只是敷藥棉在傷口之上，而不先去清潔和消毒傷口一樣，你或許不容易看見敷藥下面的膿瘡變化情形，但你可以確定的是，它將會引起嚴重的後果。因此，大部分的人都想要知道，他們的身心症發生的原因，去發掘埋藏在潛意識深處的問題，防止或避免未來發生新的症狀。

每一個人都有自己潛意識的「存檔」系統，所有聽過、看過和學過的東西都永遠存放在裡面。一個50歲的人，他頭腦裡所儲存的資料約10^{12}位元。每個神經細胞，各自存放特別的資料，例如記憶、感覺、認知、理念和知識等。好的壞的都儲存起來，影響我們一生的行為、情緒、心理和身心健康。這個「存檔」系統，就好像真正的存檔系統一樣，那些經常需要用的會放在最上面，那些不常用的會放在底層，久而不用的會讓灰塵覆蓋著。通過催眠方法，你可以在潛意識的「存檔」中，找出有關以前存放在裡面的甚至被灰塵覆蓋著的資料。這個時候，你對「存檔資料」的看法已經與以前不一樣了。

現在，請你想像一下，如果你突然間發現少年時候寫的日記，裡面描述你15歲時的情緒和感覺，包括所有存在的問題，害怕、憂慮和希望等，你會有怎麼樣的感覺呢？也許，現在是20年後的你了，你再來看這本日記時，裡面所描述的緊張、恐懼和焦慮等，以你現在的眼光看來，可能會微笑的說當時那些所謂的「問題」，現在看來實在不算是什麼問題了，甚至還會覺得自己太幼稚可笑了。可是，在當時對於一個15歲的少年，的確是一個嚴重的問題，可能深遠影響他的一生。

年齡後退的感覺與此類似。通過年齡後退催眠法，可以使你過去的痛苦或恐懼的經驗重現眼前，讓你盡量發洩和釋放出內心

的情緒和感覺。這並不是要你忘記往事或假設事情沒有發生過，而是要你把這些事情放在遠景的位置，以你現在的成熟眼光來看看那些早期發生的事情。譬如曾經嚴重影響著你十歲時候的事情（它可能會繼續影響著你的一生），現在已經不是問題了。年齡後退催眠法，就是要讓你的身心處在過往的情境中，體驗當時你的感覺和反應，以及發掘出問題發生的根源。一旦你了解問題發生的根源後，它再也不會影響你的生活了。

實例應用

例一：一位中年婦女對外面的空間有恐懼感（空曠恐懼症）。但她的人格完整，沒有任何缺陷，婚姻也美滿，生育兩個很好的孩子。可是，當她一離開家門外出時，不論是購物或工作，就會突然發生緊張、驚慌和恐懼的情緒。起初，這種感覺只是當她單獨的時間發生，後來漸漸的變得愈嚴重，次數逐漸的增加，甚至與丈夫駕車外出的時候，也會十分慌張和恐懼。因此，她喜歡一個人躲在家裡。

她不知道自己為什麼會如此，只是覺得自己是一個害羞的人。她對催眠的反應很好，很快就學會了自我催眠，因此減輕她不少驚慌和恐懼的感覺。經過了三個星期的催眠療程，她可以和丈夫一起外出購物了，自己一個人也能夠短距離和短時間外出。在年齡後退催眠療法過程中，找出了她真正發生問題的根源。原來，她有一個快樂的童年，但在六歲的時候，父母分居了，對她的心理打擊非常大。從此，她覺得非常的不安全與恐懼，雖然沒有發生嚴重的心理症狀，但這影響著她後來的生活，使她害怕外

出。

當在進行年齡後退催眠的時候，她說在六歲時，有一天，她獨自一個人從學校回家，半途中遇到暴風驟雨，夾著驚人的閃電和雷聲，天又變得很暗。說到這裡，她顯得非常慌張和恐懼，手腳縮成一團。接著給她進一步的啓示，讓她回到了現在的年齡，告訴她驚慌和恐懼感已經遠離她，消失得無影無蹤了。從她臉上的表情可以看出，她的驚慌和恐懼感顯著地減輕了。然後喚醒她，當她醒後回到了醒意識的狀態時，她說對童年發生的事情記憶猶新，以前不知道如何發生的事情，現在找到了原因。她說現在知道了暴風雨和恐怖的閃電雷聲，加上父母的分居，以及個人感到非常不安全等等因素，是引起她莫名其妙的驚慌和恐懼的原因。透過年齡後退催眠，以前埋藏在她潛意識深處裡的東西，現在發掘出來了，讓她重溫童年的這些經驗，再以現在的成人眼光看看過去，她覺得已經不是那麼可怕了。經過八次療程後，她可以單獨外出購物，雖然還有點緊張，但已經沒有驚慌和恐懼感了。一年後，她找到了一份工作，協助管理人事部門，沒有緊張，沒有害怕，也沒有恐懼，充滿了信心和喜樂。

例二：一位三十多歲的中年男人，他不知道自己為什麼好幾次有想自殺的念頭。經過醫生多次處方服用鎮靜藥均無效，總壓不住他的極端焦慮和憤怒情緒。他對任何事情都充滿著怨恨，好像全世界的人都對他不好；加上他經常從報紙和電視新聞的報導中，看到社會的不公平和黑暗面，對他的身心有相當嚴重的影響。因此，他不想活在這個社會中。同時，他的自卑感很嚴重，總覺得自己是個失敗者。事實上，他是個很成功的人，是電腦專業人士，已結婚，有兩個可愛的孩子和美好的家庭生活，他很愛

這兩個孩子。

透過年齡後退催眠之後，找出他問題存在的根源，是和他嬰兒時期被人領養有關。但是他總是堅持說和被領養的父母沒有任何問題，他對待領養父母猶如親生父母一樣，和養父母之間的感情，沒有任何衝突與掩飾。同時，他與妻子的感情，也沒有什麼問題。因此，他認為被領養對他沒有任何影響。雖然在問診時，他有抵抗的情緒，但他願意接受催眠療法，來幫助他消除焦慮不安和自卑的情緒。應用年齡後退講稿二（架橋樑法，見頁118）為他催眠，獲得很好效果。這個方法就是在催眠之後，啟示他的年齡向後退，首先退到最近發生不良情緒反應的時候。當他有了反應時（請他以手指來表示），接著再引導他，向後退到幼年第一次產生這種不良感覺的時候。當他退到這個年齡時，就開始表現出非常焦慮的樣子，開始吸著手指，好像一個小孩子。

他說，他在兩歲多的時候坐在手推車裡，媽媽站在旁邊，當時有一位婦女走過來看著他，並向媽媽稱讚他是一個很好的小孩，然後那位婦女就帶著他離開了。這句話表示他被領養了，突然間，他禁不住掉下眼淚，顯出十分難過的樣子，最後抱頭痛哭起來。等他平靜之後，再啟示他的年齡向前邁進，回到了現在的年齡，接著喚醒他後，他的情緒還非常的激動，內心雖還有壓抑感，但他說，現在內心裡已有一種新的對領養時的感覺和體會。再進一步啟示，他發現了自己的負面想法，以及這種負面想法產生的根源。經過五次催眠療程後，他消除了自殺的念頭和焦慮的情緒，他的人生觀完全改變，開始珍惜生命的價值，懂得生命的目的和意義，從此過著愉快和幸福的生活。

例三：某修道院修女，40歲。她不知道為何經常心裡恐懼，

害怕任何東西，甚至怕鬼。經過年齡後退催眠啓示後，找出了她早年生活的背景，發現問題產生的根源。原來，她自幼年時期父母就不和睦，經常目睹母親被父親打傷。有一次，甚至看到父親雙手勒住母親的喉嚨，差點把母親勒死。她受到了極度驚嚇，立刻鼓起勇氣救母親，跑過去緊咬著父親的手，父親手痛不得不把手放開，母親才不被勒死。她從此產生神經緊張與恐懼感。

　　同時，她更害怕幽靈鬼怪。讀小學的時候，她在半夜裡曾看見逃犯跑進屋內隱藏，因而受到驚嚇；長大後當了修女又曾被不良少年恐嚇過，因此神經質和恐懼的症狀越來越嚴重。由於長期失眠，使她產生幻覺與錯覺現象，極端的懼怕黑暗與鬼。她不敢單獨睡覺，睡覺時必須開燈才敢上床，長期緊張失眠，即使服用大量安眠藥（5顆以上）也不能睡覺。加上修道的生活是長期辛苦的過程，內心不免會產生壓力，精神幾乎到達崩潰的邊緣。經過心理和精神科醫生治療，效果並不顯著。在接受年齡後退催眠療法後，再加以正面的啓示，經過4次輔導與治療，情緒逐漸穩定，害怕與恐懼感消失，幻覺和錯覺也消除，而且不服用安眠藥，也可以安定的進入睡眠了。在輔導的過程中，她曾經痛哭嚎叫，極端痛苦，情緒非常緊張與恐懼，大聲驚叫：「室內黑漆漆的，好恐懼啊！」我對她說：「看！前面有一道門，走過去，用力用力打開，光就會進來，耶穌就在門口等著你……你還怕什麼呢？」接著，我與旁觀的華光智能發展中心吳主任一起為她祈禱，終於她把門打開了，她說：「哦，我看到了光，真好！心裡舒服多了。」

　　例四：謝女士參加催眠課程之後，來到會客室談她的困境。她說，不知道為什麼多年來會一直過著恐懼的生活，尤其是十分

怕水。她問我是否能用年齡後退催眠啓示療法，幫助她消除恐懼的生活？我問她對什麼事情恐懼，她說，她原本很喜歡游泳，但後來竟然每次去游泳時，一下水馬上感覺自己快要被溺斃。她既怕天黑又怕下雨，尤其每當下雨的時候，心情必然很惡劣。後來竟發展到不敢用杯子喝水，最後禁止全家人直接用杯子喝水，要用吸管慢慢地喝，致使全家生活不快樂。在問診過程中，她說，她婚姻美滿，夫婦感情也很好，育有一子，聰明而好學。但她卻不斷重複地說與母親的關係非常不好。

　　因為她參加過催眠課程，所以很容易接受催眠啓示療法。在年齡後退催眠狀態中，她突然情緒激動地號啕大哭說：「我好可憐啊！」我問她：「你現在幾歲？」「九歲」她說。我接著問：「有什麼事情發生呢？」「我要趕快洗完全家人的衣服啊！來不及啦！」她回答，哭得越來越傷心。她接著說：「我媽媽生了四個姊姊之後，渴望第五胎的我會是個兒子，可是我的出生讓她非常失望。從一出生開始就感覺到媽媽很討厭我，小學起我就要負責洗衣服的工作，下課回家一大堆的衣服都洗不完，下雨天來不及收要被罵；天黑了，功課沒寫，到學校要受老師的責罰。我好怕下雨哦！我好怕天黑哦！」如此，我們便找到她怕水的根源了。

　　在持續的催眠過程中，她說，在國小上游泳課時，她不敢下水，又被體育老師罰站。長大後，臉上長了一顆黑痣，有人說那顆黑痣對她不利，她趕緊去處理掉，之後又有命理師告訴她，處理掉那顆痣讓她患了水惡，從此，她更害怕水，生活在恐懼中。當年齡後退催眠結束後，我把她帶回來現在的年齡，要她以成熟人的眼光，再看看過去所發生的事情，已經消失無蹤，再也不會

影響她的生活了。她說：「現在，我的心情很舒服啊！」經過輔
導後，回到客廳，一直在催眠過程中旁觀的吳主任，突然用玻璃
杯倒一杯水給她，她竟然毫不考慮的喝了下去。自此，她又重回
游泳池快樂的游泳，並且與母親的關係也變好了。

　　年齡的後退有兩種形式：（1）後退到生命的早期階段；
（2）後退到未出生前的階段。不論你相信投胎轉世與否，或是
病人的潛意識想像力所致，都具有相同的效果。如果你相信投胎
轉世，堅持你的信仰和理念，當你發現多重人生及問題時，就沿
著這個路線前進，然後逐一地解決多重的人生問題。如果你不相
信它，也可能會使你產生煩惱。在這裡，我不準備去討論這個問
題，但是年齡後退催眠療法，對於治療心靈創傷和促進身體健康
具有很大的作用。只有運用年齡後退催眠法，才能夠幫助病人找
到根源，治療他的心靈創傷並恢復身體健康。

　　終生研究催眠療法的美國醫生大衛・區克（Dr. David
Cheek），對於嬰兒出生時的挫折與成年生活發生問題之間的關
係，認為是有跡可尋的，許多身心疾病的發生可能與母親分娩時
陣痛和難產有關。大衛認為婦女在婦產科方面出現問題，可以追
溯到她出生時，感覺到不被父母歡迎有關。例如父母說，「我們
要的是男孩」或「我們連女孩子的名字都沒有選擇」等話。以後
不論父母表現如何的愛她，在她的腦海裡早已烙下了這句話。永
遠不會磨滅，她以後不會相信任何人對她的尊重和感激，同時也
不會輕易接受任何人對她的稱讚與愛護，除非通過適當的治療，
否則它將會影響終生。唯一適當的方法，就是年齡後退催眠療
法。大衛還認為，現在已有很多證據發現，氣喘、呼吸困難等等
胸部的毛病，與母親被麻醉止痛分娩有關，或者與母親在分娩時

極度恐懼有關。母親的恐懼情緒對嬰兒有很大的影響。同時，如果男人出生時是難產的話，以後他會極度恐懼妻子臨盆時的陣痛。偏頭痛也可能與出生時，被鉗子夾出產道有關。

年齡後退到投胎轉世的現象，是很難令人理解的。例如眾所周知的婦女波麗蒂·莫斐（Bridie Murphy）投胎再生的故事。這種故事很容易被人用來賺錢，製造出這個故事的，是美國一位催眠師莫雷·伯恩斯坦（Morcy Bcrnstcin），他是這位女士的好朋友。他用年齡後退催眠法將這位女士催眠後，這位女士告訴他說，她本人就是一百年前，生活在遙遠的愛爾蘭一個小鄉村裡的波麗蒂·莫斐。因此，這位催眠師就寫了一本非常暢銷的書，還將波麗蒂·莫斐催眠時的樣子和言語，製成錄影帶和錄音帶，銷售到全世界。在美國，波麗蒂·莫斐俱樂部就如雨後春筍一般的成立。

不久，五彩繽紛的肥皂泡沫終於破裂了，當美國《生活雜誌》經過調查之後，發現波麗蒂·莫斐在小的時候，曾聽鄰居講過關於那位老愛爾蘭婦女的故事。但她已經忘記了這回事，當然並不是說她有任何欺詐，只是在催眠的狀態下，她的想像力高度發揮，反映出她自己的幻想，混合了真實的愛爾蘭波麗蒂·莫斐故事的結果。

著名的精神學家布萊恩·魏斯（Dr. Brian Weiss）寫的《前世今生》（*Many lives, many masters*）一書，非常暢銷。他是耶魯大學博士，寫這本書時，是擔任精神科主任。書中敘述憂鬱症患者凱瑟琳，在為她治療時發現她有多重的人生，每重人生都有不同的問題。我認為，是否真有多重人生並不重要，其治療的效果都一樣。如果她覺得有多重人生，就讓她發揮自由聯想，然

後逐一幫助她解決每重人生的問題。1950年代，山達基教會（Scientology Church）的創始人羅恩‧賀伯特（L. Ron Hubbard）寫的《Dianetic 療法》（*Dianetic： the modern science of mental health*）書中，敘述了41個病例，有些病人年齡竟然後退到6000年到3億年前，且具有更多重的人生。

必須慎重運用的催眠療法

沒有一種催眠會比年齡後退催眠法更容易發生問題。很不幸的，它經常被舞台催眠表演師濫用，往往使催眠對象遭受到嚴重的打擊、羞辱與創傷等。缺乏經驗的催眠治療師，面對強烈反應的病人時，經常會手足無措不知道如何處理，或任其自由發洩而不加以正確引導，對身心的健康會有很大的影響。最大的危險是，當催眠師面對這種情況時，慌張失措的叫醒催眠對象，如果他仍處在催眠年齡後退狀態之中，將會造成嚴重的心理錯亂。

還有一種可能，是催眠對象處於年齡後退時，催眠師與他溝通困難並失去聯絡，譬如當他後退到年幼的時候，他所說的語言與催眠師不同，使有益而重要的啓示無法進入他的潛意識裡，這是很可能會發生的情形。這時候，催眠師可以用手輕拍他的肩膀讓他甦醒，就可以避免這種困難發生，或者告訴他催眠師與他一起後退，以避免造成他驚慌。

年齡後退催眠方法有兩種，最常用的一種是：當催眠對象進入催眠狀態時，啓示他發揮想像力，去想像他正在看自己生命的錄影帶，在電視螢光幕上重現他以往的生活情景，其中有歡笑、有哭泣、有幸福，還有痛苦。當很痛苦的事情重現在「銀幕」的

時候（這是催眠治療所要發現的），他會突然把頭轉向一邊而拒絕再看下去。在這個時候，他因為過度緊張，可能會發生強烈的反應，以及難以控制的情緒發洩。另一種方法是「記憶再生或重現」，即啓示他用想像力，讓自己回到當年發生問題的時候，他的潛意識裡會湧出所有的回憶和感覺，使他重新體驗過去的經驗。這種方法可能會使他產生更痛苦的反應，必須慎重處理，因為他不但記得發生的事情，而且還親自重新經歷這些事情。

為了成功的達到年齡後退，首先要使對象進入比較深度的催眠狀態，在這個狀態下，所有的啓示可以進入潛意識裡而被接受。在一般情形下，很少人第一次就能進入深度催眠狀態，必須要練習幾次普通催眠法之後，才開始進行年齡後退催眠。在深度催眠狀態中，有些人可能不容易用語言來回答催眠治療師的問題。為了與病人有良好的溝通，有一種方法，就是教導病人用信號來回答問題。這種信號表示法非常有用，尤其病人潛意識裡深藏著極端的痛苦，很難用語言來表達的時候。信號表示法的技術名稱，是「意想性動作信號」（Ideo-motorsignals）。你要應用這種方法時，最好在催眠之前先跟病人商量好，取得他的同意。也就是當病人處在催眠狀態而尚未進行年齡後退催眠之前，告訴他舉起某個手指來回答「是」或「不是」，或表示「我不想說」或「不想回答問題」。依照慣例，一般是以動食指（左手或右手均可）來表示「是」，動小指來表示「不是」，以及動拇指來表示「我不想說」或「不想回答問題」。同時，你還要問他兩個問題，第一個問題是：「你明白如何用手指來回答問題嗎？」第二個問題是：「你的內心深處願意回答問題，以幫助你解決困難和病痛嗎？」當然，應用這種信號系統，你所問的題目不能太複

雜，要能夠讓病人可以用「是」或「不是」來回答。

　　為了幫助我們了解年齡後退催眠法的應用，下面舉一個例子。張三先生是一位有嚴重口吃的人，他不知道自己為什麼會有口吃，只記得從小學六年級就開始有口吃。他現在經營小生意，經常要與顧客接觸，他害怕口吃會影響生意，但越害怕就越口吃。他願意接受年齡後退催眠療法，來幫助他了解發生口吃的原因以及改正口吃習慣。在年齡後退催眠狀態下，我們找出他在五歲的時候發生了問題。當他進入深度催眠之後，部分的對話如下：

　　「你現在那裡？」

　　「……在家裡。」

　　「你幾歲？」

　　「五歲。」

　　「你在擔心什麼事情呢？」

　　「……我丟掉了一把刀子……到處都找不到。」

　　「你在那一個房間呢？」

　　「在廚房裡……我丟掉了那把刀子。」

　　「為什麼你找不到呢？」

　　「它被東西壓住了。」

　　「你很擔心嗎？」

　　「是的……我要找到它。」

　　「現在發生什麼事情呢？」

　　「我的父親走進廚房。」

　　「他做什麼呢？」

　　「問我什麼東西丟了？」

「他很關心嗎？」

「不……他要我解釋清楚……非常暴躁……好像很生氣的樣子。」

「那又發生什麼事情呢？」

「……我緊張和害怕得說不話來。」

「那你說什麼呢？」

「一一一……把把把……刀刀刀……子了了……丟丟丟……掉掉掉……了。」

「你口吃得說不出話來，是嗎？」

「是的……一個字也說不出來。」

「爲什麼你會這樣呢？你害怕是嗎？」

「是的……我很害怕。」

「因爲你害怕你父親，是嗎？」

「是的。」

「你父親怎樣對你呢？」

「他要我坐在一張椅子上，練習說話。」

「爲什麼他要這樣做呢？」

「他不要我口吃。」

「所以他要你練習說話？」

「是的。」

「你怎樣做呢？」

「我父親說一個字，要我跟著重複說一次」。

「他這樣做多久時間呢？」

「大概每天一個小時。」

「每天？」

「好久……大概有好幾個月的時間了。」
「你是否覺得口吃反而嚴重了。」
「是的。」
「你越口吃，你就越要練習說話，是嗎？」
「是的。」
「你父親的反應如何？」
「他更生氣——更暴躁」。
「你想想，你父親為什麼會這樣對你呢？」
「因為他覺得我丟他的臉。」

　　現在，我們很容易看出來，這個人為什麼會發生口吃了。這位脾氣暴躁而固執的父親，卻很耐心地「教導」他的孩子變成口吃。當然，並不是所有的病例，都是這麼清楚明顯。這需要催眠治療師詳細的加以分析，事先要與病人交談和了解病人的經歷，才能夠找出埋在潛意識裡的根源。非常有趣的是，口吃的人在催眠狀態下，說話會變得很清楚，不會出現任何障礙的現象。你可以用錄音機錄下他說的話，然後放給他聽，證明他說話沒有問題，以作為進一步治療的標準。然後再加以適當的啟示，很快的就可以糾正或改善他的說話。

　　值得注意的是，用年齡後退催眠時，步驟要緩慢，讓潛意識有反應和接受的時間。比如25歲的人，你要他後退到7歲的時候，你可以這樣的啟示後退：「24，23，20，18，15，12，10，9，7」。根據對象的年齡大小，你可以越過一兩年或數年的時間，否則後退的過程會拉得很長。同時要注意，如果後退到幼年時，對象的母語與他現在的語言不同，與催眠師的溝通可能會有問題，所以在未進行催眠前要先了解清楚。在進入催眠狀態時，

啓示他可以用手指來回答「是」或「不是」，或者告訴他催眠師自己跟他一起後退到幼年時期。

年齡後退催眠法講稿一：後退到已知年齡
（在導入催眠法講稿後使用）

等一會兒，我要你發揮高度的想像力，想像你回到當年生活的情景裡，重新體驗當時發生的事情，讓它逼眞而鮮明的出現在眼前，你會覺得好像現在發生的事情一樣。你的反應也會像第一次事情發生時一樣，同時清楚地知道事情的經過。但當你回到現在的年齡時，以你成熟的眼光去理解和體會，你將會很清楚的看到，發生的事情已經過去了，它再也不會讓你煩惱和傷痛了。

現在，讓你逐漸的後退到4歲（或任何歲數）的時候，你可以體會當時的一切感覺。當你覺得已經回到4歲的時候，你動一下右手，然後以4歲的你回答我的問題。現在，想像在你的腦裡出現一個大時鐘，它的時針向後逆轉，向後逆轉，很快逆轉，越來越快，一日、一月和一年的向後逆轉，讓你漸漸的回到幼年的時候，你將會覺得自己越來越年輕，年齡越來越小，越來越小。你正在回到4歲的時候，4歲的時候，眞正4歲的時候。當你達到4歲的時候，動一下你的「是」手指表示已經到達了（啓示直到他達到目標年齡爲止）。

好，很好。你現在告訴我，你在那裡？你幾歲？你看見什麼？你和誰在一起？你聽見什麼？你做什麼？你感覺如何？有什麼事情發生？等等（當他的回答表示已達目標年齡時，讓他繼續體驗所發生的事情，以及發洩內心的情緒。等適當的時機，即停

止他的體驗，同時向他保證，以前所發生的事情已經過去了，對你再不會有任何影響，你完全可以應付了，並且帶他回到現在的年齡）。

現在，讓那種情景和感覺從你的心裡消失。你將會感到已經可以應付那變化的環境了。讓那種情景和感覺消失，像風一樣消失得無影無蹤，讓你的感覺和經驗消失，像風一樣消失得無影無蹤。放鬆，讓你的身心放鬆，深深的放鬆。放鬆，再放鬆，完全的放鬆。你會感到平靜和安寧。好，很好，現在讓你去你最喜歡的地方，你覺得平靜和安寧的地方，在那裡所有的一切都非常的美好（可以加上詳細的描寫那地方的情景）。好，現在讓你自己向前邁進，時間逐漸的向前邁進，你自己向前邁進，回到了現在的年齡。讓你自己回到現在的年齡，坐在我的診所裡。你的腦裡會記得我坐在你的對面，在你還沒有閉上眼睛之前，是我在跟你說話。好，現在讓你自己慢慢的回到覺醒的狀態，當你準備好的時候，就張開你的眼睛，你會完全的覺醒，同時身心感到非常清新舒暢。當你醒來的時候，你將在自己最喜歡的地方，擁有一切的美好感覺並保持下去。張開眼睛後，你就會完全甦醒，而且會繼續感到身心寧靜放鬆。

年齡後退催眠法講稿二：以架橋樑法後退

（當症狀發生或有強烈反應如恐慌、懼怕和突然不適時應用，也用於忘記最初經驗或發生原因時。接導入法和深入法）。

現在，我要請你通過時間的隧道走，走回到你以前的歲月裡，然後告訴我你在那個時候感到害怕和傷心的事情。不久以

前，當你穿好衣服就將出門的時候，你突然覺得很緊張、恐慌，你想在家裡躲起來。現在，讓你回到不久前的日子裡，當你到達的時候，用你的「是」手指告訴我。好，很好，現在讓緊張和恐慌的事情在你腦海裡消失，但保持著所有的這些感覺，沿著這些路線，再走回到更早以前的日子裡，走回到早期的生命歲月裡，走回去，走回去，沿著這些感覺的路線，走回到以前的日子，走回到早期的生命歲月。走回去，走回去以往的歲月，不論你走回去多遠的年代，在母胎裡或前世——。我只要你習慣的沿著走回去的路線——走回去。現在，把注意力集中在你的眼前——你看見了什麼？做什麼？留意我的說話，我的聲音。我要你很清楚所處的環境，集中注意力，注意你自己，你在那裡？你幾歲？你做什麼？誰跟你在一起？是和父母、兄弟、親戚或朋友在一起？給你一點時間，讓你的眼前出現非常清晰的過去情景（停頓，如可能播放柔和的音樂4分鐘更佳）。

　　現在，你平安、寧靜的休息和睡眠——。等一會兒，我要你走回到第一次發生事情的時候，如果你感到緊張和恐懼的話，請你動一動手指告訴我。我要你感覺到你處在其中的情景——。現在，我要你逐漸地遠離這個情景，讓它消失，消失得無影無蹤——。現在，我要你再向後退，直到有特別事情發生的時候，尤其是包括人在內，我要你感覺處在其中的情景。現在，我要你逐漸地遠離這個情景，讓它消失，消失得無影無蹤——（重複上面講稿，直到再也沒有任何事情發生為止）。

年齡後退催眠法講稿三：透過電視螢光幕法

　　現在，讓所有發生的事情都從你的腦海裡消失。你的頭腦裡不會再想任何的事情，絕對不要想任何事情，只聽我的聲音，我的說話。讓你自己深度的放鬆，平靜和安寧，只留意聽我的說話，我的聲音。現在，我要你發揮高度的想像力，想像你在看電視螢光幕。螢光幕上還沒有出現任何的畫面，只是黑和白的「雪片」影像而已。在電視機旁邊有一台錄影機。當你清楚地看到電視機和錄影機的時候，請你用你的「是」手指向上動一下。好！現在你走向前把錄影機的開關打開，放映你一生的紀錄片，看你在3歲的時候（或任何適當年齡）發生了什麼事情，你可以在電視上看得清清楚楚，它發生在多年以前。當畫面出現那個時候的情景時，請你用你的「是」手指向上動一下。當你看到畫面上出現的情景時，告訴我是什麼事情發生，以及你的感覺是什麼。（當他的「是」手指向上舉動時）好，很好。現在告訴我你看到了什麼？你在那裡？你幾歲？你和誰在一起？做什麼？你有什麼感覺呢？等等。（接喚醒法講稿）

第七章
驚奇的力量：自我催眠啓示有益健康

　　前面曾經對催眠的原理做過詳細說明。現代的腦神經科學家已經從醫學的觀點揭開了催眠之謎，發現人的腦部有制動催眠機構。當我們從醫學角度深入了解催眠原理之後，就可以有效的將催眠啓示療法應用於臨床方面，不論是戒除不良的生活習性，建立正確的人生觀，增強免疫能力及促進疾病的康復等，都有很大的幫助。

　　值得特別提醒的是，許多催眠專家認爲，世界上只有一種催眠方式，那就是自我催眠。一切的催眠可以說都是自我催眠。事實上，催眠就是你自己催眠自己而已。催眠力量的產生，是精神高度集中和想像力高度發揮的結果。催眠師只能幫助你進入催眠狀態，但是，只有你自己認同催眠啓示，才能進入催眠狀態。那是你自己催眠自己的結果，如果你不願意被催眠，沒有人能夠幫你催眠。因爲你內心的防衛機能，可以阻止一切催眠啓示的輸入。雖然，催眠師可以給你啓示和指導，但是卻不能強迫你進入催眠狀態。在整個催眠過程中，你是自己的主人，你完全能夠控制自己，催眠師沒有辦法強迫你。

　　自我催眠啓示具有強大的力量，不但可以改變你的生活方

式，還能夠激發與促進你的健康。根據醫學研究報告指出，現代社會大多數人不健康的原因，與日常的飲食有密切關係。不當的飲食導致身體肥胖，是心臟病、高膽固醇、高血壓、糖尿病等主要誘因。因此，你必須控制體重，保持健康。

為了你的健康，每天早上起床的時候，你要告訴自己今天將是健康的一天。為了控制體重，你要注意早餐吃些什麼？要吃多少份量？睡眠時間多久？吸煙、喝咖啡或酒多少？同時還要注意，你每天要做30分鐘運動、20分鐘身心放鬆以及自我催眠啟示，這樣才能幫助你克服過食、酗酒和吸煙等不良習慣，使你具有充足的能量，能夠較長時間工作而不會覺得疲勞。

你要應用自我催眠啟示的方法，每天重複的提醒自己，關於有益身體健康的事情。例如：

1. 我每天要用一部分時間促進健康，做運動和身心放鬆。
2. 我每天都能得到足夠的休息和睡眠。
3. 我每天吃適量的食物，來維持身體健康。
4. 我會注意工作和居家環境的清潔衛生。
5. 我珍惜身體健康。
6. 我每天都保持身心平衡、輕鬆愉快和平靜安寧。

自我催眠啟示：成功控制體重的方法

你也許曾經嘗試著要控制體重，不知道選擇了多少減肥食物和減肥藥，但從來沒有一次成功。雖然，你的胃腸覺得不舒服，忍受著身心的痛苦，減去了兩三公斤的體重，但不久又恢復原狀。你想，恐怕沒有任何方法可以減輕你的體重了。這是所有想

要控制體重的人經常會發生的問題。目前沒有一種方法，能夠幫助每個人有效的控制體重。

　　首先，你要列出過去的經驗，以及爲什麼你會超重的原因。也許，暴食是其中的原因之一吧！更可能起因於不良情緒或飲食習慣。正常情形下，因新陳代謝功能發生問題而引起的肥胖不多。如果你極端肥胖，就必須去看醫生，看看是否患有器官性疾病。如果不是生理機能毛病引起過胖，那麼就必須去控制體重了。最難的控制體重方法，就是改變飲食習慣了。

　　暴食或嗜食是後天養成的習性，可以用自我催眠啓示來控制和破除。這是合乎科學的體重控制方法之一，已爲廣大的臨床醫生應用。自我催眠啓示可以幫助你建立良好的飲食習慣和保持正常的體重。

肥胖症和情緒性問題的關聯

　　對於很難減肥或控制體重的人，需要先找出埋藏在潛意識裡的原因——爲何你會強迫性暴食或嗜食呢？暴食或嗜食是個人的性格和愛好問題，每一個人都不一樣。你具有獨特的人格和經驗，不同於你的朋友和鄰居。你必須了解自己情緒性衝突的心理因素。例如，一位因暴食而肥胖、必須嚴格控制食物的中年男人，每當他與妻子爭吵的時候，就立刻到附近商店購買冰淇淋、巧克力和義大利餡餅來吃（這是典型的不成熟情緒反應，以企圖逃避不愉快的處境）。當然，並非所有暴食的人都與情緒問題有關。情緒問題的發生和肥胖症之間的關聯性原因可能是：

　　1.過度肥胖與性生活不協調。不少人因暴食所得到的滿足

（食慾），經常超過與妻子的性生活。

2.神經或情緒緊張，而引起暴食暴飲和吸煙等不良習慣。

3.攝取超量的高熱量食物。

與自己的潛意識溝通

你為什麼要暴食或嗜食，你自己也不十分清楚。也許，你長期產生身體性、心理情緒性、社交性的不舒服原因，深深地埋藏在你的潛意識裡，以逃避你的醒意識認知。因此，你必須與你的潛意識溝通，才能有效的控制體重。你必須發掘存在你潛意識裡的因素。以下是普遍存在的共同性過食理由，你是否有其中之一？

1.你吃東西是為了享受。從你有生命開始，你就享用食物，父母給你食物是對你的一種獎賞。譬如在幼年時，你能從地上撿起玩具，或自己會大小便，或會說聲「請，謝謝」，或會數數目時，父母就會給你餅乾或糖果鼓勵。在少年時，你吃飯後會洗自己的餐具，你也會得到餅乾或糖果的獎勵。你的老師也送糖果給功課好的學生。當你參加校際比賽得到冠軍後，教練經常會帶你們去餐廳享受一番。當你畢業時，父母帶你去他們能夠負擔的最好餐館，為你慶祝。你成年之後，在工作方面有成績，被升為主管或經理時，你與家人或朋友也會去餐館慶祝一番。或者，你經常要請有前景的顧客去午餐。當你帶著疲倦的身體去渡假時，第一件事就是尋找最好的餐館享受美食一番。

以上的例子，你是否覺得很符合或接近自己？你如何避免這些問題呢？如果你必須與重要的顧客午餐，如何逃避？或該說些

什麼話呢？

　　你不需要逃避，也不要說任何的話。你可以去午餐，但要在潛意識裡帶著好的飲食習慣去。事實上，如果你具有良好的飲食習慣，你可以去參加任何宴會，仍然能夠享受美好食物的。

　　2.你吃東西是爲了減輕或消除不愉快的感覺。這種感覺的建立也是在幼年階段開始養成的。當你磨牙的時候，你咬可口的磨牙餅乾來減少牙床痛楚。當你不哭的時候，你經常得到餅乾獎勵。這種模式不斷通過你的一生。當你考不到理想的大學，或工作時緊張壓力時，你會不停的吃東西或看電視。還有可能，當你失去友誼或愛情而感到孤獨的時候，你會走進廚房，打開冰箱尋找你所需要的食物。

　　你還可以加上許多理由。你很清楚地知道，什麼事情造成你不愉快，驅使你飲食過量。

　　3.你吃東西是因爲要引人注意，以及顯出權威感。也許，你覺得有肥胖的身體，會引起周圍的人更多的注意，從而感覺到自己重要，因爲你占有更多的空間。你只要想一想，如果你碰到一個極端肥胖的人，在超級市場的走道與你擦身而過，或在飛機座位上越過你的位置時，這的確令人注意與好奇。大多數的人都同意，在任何的地方，負面的、使人注意的方法，要比正面的方法容易得多。但你要留意，這種短暫或偶然使人注意的方法，也很容易觸怒或刺激別人的。

　　4.當你需要愛的時候，你會吃東西。這個理由，也許你不易接受。如果用「我」來代替「你」，說「當我需要愛的時候，我吃東西」，雖然這種說法好像很受傷害，但也比較符合邏輯解釋。回想嬰兒期，你大聲哭叫時，會得到一瓶鮮奶或一包點心。

如果幸運的話，會獲得母親擁抱，同時還得到好吃的東西。不是嗎？

現在，你吃東西時，同樣的你要別人對著你微笑，說幾句讚美的話，或拍拍你的肩膀。你要別人愛你，你也愛自己，於是你給自己更多美好的食物。問題是這種行為的後果，反而會造成你不被人所愛，因為，我們這個社會，經常對瘦的人有好感但嘲笑胖的人。

5.你吃東西是因為害怕或恐懼。恐懼害怕什麼？有很多可能性。一個普通共同的懼怕是你的性生活問題。如果你覺得真的對異性沒有吸引力，那你不需要擔心其後果或機會，或給你帶來友誼及愛情的問題。你可以保持現在的肥胖狀態，因為你沒有情感負擔，也沒有身體方面的需求。例如，一位女藝術家強烈的感覺到她的工作需要，可以允許她增加體重，正如她自己所說的，因為「我不需要在身體方面有吸引力。我不需要為此而擔心。男人不會與我約會，我不必要處理友誼之間的問題。我能夠專心投入自己的工作」。

也許，你會想起很多人，他們雖然都很肥胖，但仍然性感。不過，一般來說，過於肥胖不但沒有吸引力，而且也不一定會被人接受。

此外，一個令人擔心的理由，是吃東西與健康有關。你可能認為身體消瘦不健康，因為你從小就從父母那裡得到這樣的訊息：「長得肥肥胖胖的很可愛，也很健康。如果你健康，就會少生病。」因此，在潛意識裡要經常保持肥胖，你認為肥胖可以減少生病。

你要從哪裡開始控制體重呢？

不論你嗜食的原因是什麼，改變飲食習慣的方法都是一樣的。首先，你要會用有益的活動來替代對食物的情緒性滿足。譬如，緊張忙碌地工作了一天，你想休息，並吃點東西來放鬆一下，這個時候最好的方法，就是坐下來，閉上眼睛，做七次深長而緩慢的呼吸，同時做身心放鬆的運動，以及聽聽優美的音樂。

我的一位中年朋友成功減肥的方法，就是每天經常走路一個小時或四千步，以代替吃零食。當走路回來的時候，他不但不覺得飢餓，而且精力充沛、精神飽滿。

你何時、何地及為何吃東西？

以下的問題將幫助你進一步分析你的飲食習慣。請以劃勾來回答「是」與「否」。

何時		是	否
我吃東西，當我	飢餓時	——	——
	神經緊張時	——	——
	無聊時	——	——
	壓力時	——	——
	活動過度時	——	——
	愉快時	——	——
	悲傷時	——	——
	孤獨時	——	——

失望時　　　　　　　——　　　——

焦慮時　　　　　　　——　　　——

恐懼時　　　　　　　——　　　——

其他　　　　　　　　——　　　——

何地　　　　　　　　　　　　　　是　　　　否

我吃太多東西　　在看電視時　　　——　　　——

在集會時　　　　　——　　　——

在閱讀時　　　　　——　　　——

在喝茶或咖啡時　　——　　　——

在去工作和回家時　——　　　——

在運動後　　　　　——　　　——

在應酬時　　　　　——　　　——

在社交時　　　　　——　　　——

躺在床上時　　　　——　　　——

其他　　　　　　　——　　　——

爲什麼　　　　　　　　　　　　　是　　　　否

我吃東西，因爲我需要 愛情　　　——　　　——

報酬（獎勵）　　　——　　　——

同情　　　　　　　——　　　——

做事情　　　　　　——　　　——

改變活動　　　　　——　　　——

補償不愉快心理　　——　　　——

身心放鬆　　　　　——　　　——

顯示重要性　　　　——　　　——

安全感

その他　　　　　　　　—— ——

當你能夠正確的指出，何時、何地以及爲何引起你暴食的時候，就可以開始改變你的飲食和行爲習慣了。請看下面右邊的新選擇欄，填上新的活動來替代。你不要忙著立刻填上，待考慮一段時間後再做決定。例如：

何時	新的選擇
當我孤獨時，我吃東西	當我感到孤獨時，我拜訪朋友、打電話或寫信給朋友、做義工、閱讀書報或聽音樂。
當我神經緊張時，我吃東西	當我感覺有壓力時，閉上眼睛做10次緩慢和深長的呼吸。我去散步，轉移注意力，發揮正面的想像力。

何地	
我經常在車裡吃東西	在車裡，我做深呼吸和放鬆身體肌肉，發揮美好像想力、聽廣播和音樂等。
我經常在社交場所吃東西	在社交時，我盡量找人交談，並且自我介紹，做簡短而友善的交談，盡量找機會與別人交際。

爲何	
我吃東西是需要突破日常工作	如我需要突破日常工作，在腦力方面，我要完成工作報告和安排未來工作計畫等。在體力方面，我要做運動或整理庭院，喝水或茶來替代吃東西。

有效控制體重

　　以下是有效控制體重的九個重要步驟，許多過度肥胖的人應

用來控制體重，都獲得良好的效果。

1.**消除緊張**。身心放鬆是改變飲食習慣和減肥很好的方法之一。當你分析自己的飲食習慣時，你會發現當自己神經緊張和有壓力時，就會吃東西過度。你要運用身心放鬆方法來消除緊張和壓力，這樣可以幫助你降低吃東西的慾望。一旦你掌握了身心放鬆的方法，強迫性暴食的衝動就會消失，你覺得不需要吃東西來解除緊張不安的情緒。暴食，是一個心理問題。

首先，讓你自己完全放鬆，再導入催眠狀態之後，你告訴自己：「我有過胖的問題存在，我必須以行動克服它，現在即刻開始。我要有絕對的信心，我一定能夠減輕體重。」記住，正確積極的態度、願望以及潛意識的力量，是成功的重要因素。

2.**去看醫生並做身體健康檢查**。首先，讓醫生找出你需要改進的身體狀況，然後決定減輕體重的安全範圍。或許，你有貧血或高血壓狀況，在醫生的指導下減肥，你就可以放心。醫生確定你沒有任何器官性的毛病之後，就可以開始你的減肥計畫了。

3.**強調減重的好處**。每天早餐前和晚上睡覺前，你要告訴自己要減肥的理由，尤其要告訴自己，所有的醫學報告都證實肥胖，損害身體健康。你要時刻警覺，每個中年以上的人都喜愛美味的食物，進食量往往超過身體的需要。因此，你必須注意食物的種類，並且控制食物的量。

4.**建立正確的減肥動機**。列出為什麼減肥對你很重要？不斷重複告訴自己所有減肥的理由。

5.**分析你的飲食習慣**。問你自己：「我為何經常吃東西？應該吃什麼食物？吃多少量？我的超量熱能來自什麼食物？」

6.**確定你暴飲暴食的理由**。是否食物不對，或在正餐之間嗜

食。要自我分析如下問題：是否：（1）我嗜食是因爲挫折和失望？（2）我不愉快？（3）我對愛的一種需求？（4）我情緒性饑餓？（5）用來替代某些事情？（6）我回到幼年時期，嗜食糖果、冰淇淋和蛋糕？（7）我過胖是因爲婚姻不如意？（8）我的肥胖是因感覺敵意所引起？

7.**成功的控制食物**。列舉什麼食物你可以吃、不可以吃。記住它！並且還要會計算每天的食物熱量單位。在進入自我催眠狀態後，告訴自己不要吃容易使你肥胖的食物。同時要知道，你吃的食物種類和食量的大小只是一種習慣而已。你可以用自我催眠啓示來控制和破除這種習慣。

8.**計畫與安排好每天的食物**。要每天測量你的體重。記住所要減輕的體重目標，保持對體重的警覺性，並記錄每星期的體重數字。注意看你體重下降的曲線。購買新的小號服裝，以酬報自己努力的成果。你要爲自己的新體態而驕傲。當朋友稱讚你的外表時，你內心會感到非常愉快。再也不必爲過胖煩惱了。

9.**每天重複的告訴自己，你會保持理想的體重**。建立合理的食慾和新的飲食習慣，再也不會受其他食物的誘惑。你有控制食慾的力量，也能夠享受美好的食物，而不會肥胖。

對體重控制有益的自我啓示

下面是一些有益的啓示，幫助你控制體重，你可以結合實際情況，加以靈活運用。你也可以選擇其他的啓示或應用想像力。總之，你要正面的啓示自己。每個啓示都可以改變來適合你的實際情況。

1.我的胃口比以前小並容易滿足。

2.我吃少量的食物，也同樣會滿足食慾，促進身體健康。

3.我要慢慢地咀嚼食物。

4.我吃低熱量而營養好的食物，非常適合我的需要。

5.我知道在正餐之間，運動或其他娛樂活動比吃東西更有益健康。

6.我能在任何時候閉上眼睛，想像我所要達到的標準體重。

7.我以深呼吸和身心放鬆方法，促進自己的身心健康。同時警覺體重的增減。

8.我要用榮譽心及健康的食物替代嗜食的願望。

9.當我體重減輕了，我能夠很容易保持下去，並且維持新的飲食習慣。

應用於控制體重的實例

例一：如何有效應用控制體重的九個步驟

X醫生是我的好朋友，50歲，身高168公分，家庭生活美滿，育有兩個聰明的兒子。他特別喜歡山珍海味、法國美酒和香甜糕點。當他渡假回來，十分驚訝的發現自己的體重已超過了90公斤。作為一個醫生，他當然知道以他現在的年齡和身高，這樣的體重具有潛伏性危險。

在五年前，他的心電圖出現不正常，診斷患了冠心性疾病。雖然被心臟病專家警告，但他還是繼續享受著超過他身體需要的食物。他曾經嘗試過減輕體重，但沒成功。他經常擔心憂慮會發生第二次心臟病，於是他再去做身體檢查，結果有好和壞的消

息。好消息是，他的心臟狀況還很好，心電圖正常，沒有冠心疾病跡象；壞消息是，發現他患潰瘍腸疝氣，並有高血糖和高血壓症狀。外科醫生要求他必須減輕20公斤後，才能夠爲他的潰瘍腸疝氣動手術，以避免發生後遺症，這使他十分震驚。因此，他不得不每天攝取低熱量（1000卡路里）的食物。但他對控制食物仍然有點困難。他聽說催眠可以減肥，曾經和我討論如何應用催眠啓示方法，同時也參考不少減肥有關的書籍。於是，他決定用催眠的方法減輕體重。他非常容易接受催眠，當他學會自我催眠後，每天都做20分鐘的練習，這使他能夠在幾分鐘內進入自我催眠狀態，也能夠在很短的時間喚醒自己。因爲他的潛意識經常告訴自己覺醒，使他能夠在面對別人請他吃食物或甜點時，說一聲「不，謝謝！」

如果今天你看到他已減輕了20公斤的體重，你不會相信他是同一個人。他非常有恆心，努力實行九個有效的減肥步驟，他開始的第一個步驟，即承認自己身體有過重的問題，可能會使他患肥胖症或心臟病，他下定決心立刻減肥，不是從明天開始，而是今天就開始。

第二個步驟，他藉由身體健康檢查，了解自己的身體狀況。

第三個步驟，他警覺肥胖的危險。因爲作爲一個醫生，他經常治療不少因過胖而引起疾病的人。

第四步驟，他具有強烈的動機要減肥。他珍惜自己的生命，不能故意縮短自己的生命。

第五和六個步驟，他分析自己的飲食習慣和生活方式，發現自己之所以有強迫性吃東西的習性，是與緊張情緒有關，尤其是他每天要看很多病人。雖然，他說看病人從不會使他煩惱，但事

實上，他潛意識裡卻感覺到內在的緊張。他很清楚地知道，使他的體重迅速增加的原因，是每晚喝咖啡吃點心後，接著又飲酒和吃全脂冰淇淋等所引起。

第七個步驟，他懂得如何控制食物與營養，同時學會如何避免不健康或不需要的食物。

第八個步驟，他每天量體重。當他穿上小號的服裝時感到非常的愉快，同時覺得充滿精力。也許，有人會因失去不少體重而感到焦慮，但我們的醫生朋友卻感到心情愉快、身體舒暢。他為自己的新外表感到驕傲，他妻子和孩子也經常稱讚他，說他看起來精神很好。

我們相信，這位醫生朋友是應該恭喜和祝賀的！這是他接受自我催眠啟示所得到的良好成果。他知道潛意識的強大力量和智慧，因此不斷的對自己說：「醫生，醫好別人，更要醫好自己啊！」

例二：溫太太應用自我催眠克服過胖問題

溫太太是中年婦女，自從學會了自我催眠後，她成功的克服了過胖的問題。以下是她的經驗分享：

我的問題之一是身體超重。我們所有的家庭成員都在28歲左右，身體就累積了過多的脂肪，在引起各種不同的疾病之後，才被迫要節制飲食和控制體重。我向來覺得自己的健康沒有問題，不需要像我的兄弟姐妹一樣控制體重。但卻有其他的因素使我決定要控制體重。因為我穿的衣服越來越緊，我不喜歡經常購買寬大的服裝，穿起來顯得很古板，使我的心理和身體方面都感到不舒服。我的雙腳已提出抗議，難以支持我超重的身體，雙腿經常

感覺痠痛，不能承受體重的壓力。還有，我覺得上下車的時候非常不方便，進入車內更覺得身體不易移動。

雖然，我曾經節食，想要減輕體重，但總是不成功。我看過醫生，他告訴我體重過重是因為甲狀腺功能過低所致。他開給我促進甲狀腺功能的藥方，加強我的代謝機能並控制食慾。同時，他還要我吃低熱量的食物。當我依照醫生的處方和指示做的時候，減少了幾公斤體重，但停止用藥後，體重又恢復了原狀。

三十年來，我看過五位醫生，他們對我的診治大致相同。最大的麻煩是，我的身體會產生耐藥性，必須增加藥量才能有效的控制體重。我只好不斷的減少吃含脂肪、糖和澱粉的食物來維持正常體重，我雖然越來越少吃這類食物，但卻越來越不易達到要求的目標。幸運的是，所服用的藥物對我的副作用，僅僅使我覺得下顎經常緊張疼痛而已。

三十年以來，我的體重不斷起伏，上升到80公斤，下降到69公斤；上升到78公斤，下降到74公斤；上升到76公斤，下降到65公斤；上升到87公斤，下降到80公斤；上升101公斤，下降到85公斤；最後上升到103公斤。

最後，再經過醫生的檢查，發現我的新陳代謝功能亢進。這表示我再也不能依靠藥物來控制體重了。現在，我考慮到身體健康的問題，覺得有必要認真的減少體重，因為血糖度不斷增加。我現在的體重103公斤，我決定要減少30公斤，而不依靠藥物的幫助。

我聽說催眠可以增強意志力、有效的幫助減肥。我從和催眠治療師交談中得知，當病人進入催眠狀態後，會接受治療師給他的正確啟示，並且根植在潛意識裡，使他以實際的行動來實現。

同時我也知道，要使催眠治療成功的重要因素是：第一，要有動機。第二，要有信心。第三，要與治療師合作。第四，懂得自我分析。

自從學會了自我催眠後，我就在每次進食前10～15分鐘，提醒自己必須減輕體重的理由、肥胖的害處，以及控制食量的決心，並慢慢的咀嚼食物，以滿足口慾。我這樣持續做了半年時間，結果非常好，體重減輕了20公斤。醫生很高興我減肥的成績，他發現我的健康狀況比以前好很多。事實上，我的感覺也非常好，雙腳的承受力大大增強，身體能夠很容易在狹窄的空間移動。我對於購買小號的服裝很有興趣，並體驗到化妝、新式髮型和戴裝飾品的快樂。

我對自我催眠啓示療法，充滿無比的信心。我實踐過這個方法，眞的十分有效。我把所有寬大的衣服都送給別人了。過去因為我的體重起伏不定，我保留著這些寬大的衣服，目的是隨時應急穿著。現在，我已經學會應用自我催眠啓示方法，能夠有效的控制體重了。

例三：情緒性的飢餓引起肥胖

一位名叫麗玲的中年女人，經常在情緒不佳、焦慮和憂鬱的時候，就要喝一大杯的楓糖漿。她說自己總是不能抑制吃甜食的慾望。當焦慮、憂鬱情緒出現的時候，她還經常吃半公斤的全脂冰淇淋和一盒巧克力。

你可以推測得到她的體重一定會增加，現在超過了16公斤。她極端喜好甜食的習性，是一種不成熟的情緒性反應症狀。她具有美麗的臉龐和很強的自尊心，很不喜歡自己的肥胖。她承認在

幼年時代，父母從沒有敎導過她如何自律，總是讓她隨便吃任何東西，只要她提出要求的話。

到了成年，麗玲從來不能夠與異性建立友誼關係。她害怕結婚生孩子，同時又告訴自己要用「拚命吃東西」來引起注意。她期待陌生人也會像她的父母一樣，會對她加以關注和愛護。當她得不到這種情感的時候，就會退縮到自我的天地裡，用猛吃甜食來自我滿足，造成了所謂「情緒性的飢餓」毛病。

當她學會了應用自我催眠啓示後，她懂得如何控制自己嗜食甜品的慾望，也幫助她消除或防止緊張壓力、焦慮憂鬱的情緒，使她達到了減肥的目的。

減肥講稿（在深入催眠法後使用）

從現在起，你會發現自己越來越有強烈的慾望和理由想減肥——越來越警覺到，肥胖對健康有嚴重的影響，肥胖症會縮短你的壽命——會使你過早死於心肌梗塞——血管硬化——糖尿病等。肥胖會使你的心臟負擔過重——血壓升高，增加心臟病的死亡率（60）。現在醫學研究證實，45歲以上的人，如果增加20％的正常體重，猝死率增加30％左右；如果增加40％的正常體重，猝死率增加80％以上。現在，你會發現肥胖嚴重影響你的日常生活——你的心跳加快——走路或上樓時容易氣喘——影響正常的性生活——你還會覺得自己的體態難看（10）。

過去，你可能曾經幾次努力減肥過，不論是服用減肥藥、減肥食物或做運動，都不成功。也許，你曾減輕過幾公斤，但很快又恢復了原狀。你認爲自己永遠不能減肥了——這不是事實。你

能否減肥成功，完全決定於你自己，在於你的決心和意志力——如果你不想減肥，世界上沒有任何一種藥物會對你有效的（5）。即使用藥物減輕了體重，也只是暫時性的，不久你又會恢復原狀（5）。

你可以列舉很多的理由，來解釋你超重或暴食的原因——你會說，當你緊張、煩惱和憂慮時，經常會有吃東西的意念，你以吃東西來解除你的緊張情緒——用食物來消除你的煩惱和憂慮——你還有心理的障礙，致使你產生強迫性暴食——。如果不是你的新陳代謝有問題，那麼你的肥胖就是過食造成的（5）。你心裡非常明白，在某種程度上來說，過食是一種慢性自殺（5）。

暴食，是一種後天養成的不良習慣。這種習慣，既然是你自己造成的，那你就可以用自己的決心和意志力來改正（5）。

從現在起，你要下定決心改變飲食習慣——要吃大量的蔬菜和水果，少吃高熱量的食物——少吃肉類、蛋類和動物油脂等——當你想吃東西的意念還未湧起之前，要用身心放鬆方法來消除它——同時，做七次深長而緩慢的呼吸——繼續這樣做下去，你想吃東西的念頭自然會消失——你再不會隨便吃東西了——你的胃口也會比以前小得多，而且容易得到滿足。吃少量的食物，可使你精神飽滿，身心健康——同時，你吃東西時，要慢慢的咀嚼，以滿足你的口慾並幫助消化。

從現在起，你要發揮想像力想像減輕體重後的樣子（10）。想像和感覺到你的肌肉收緊，身體瘦長而健美。現在，你的想像和感覺將深深刻入潛意識裡。你將會減輕體重，減輕體重，減輕你過多的體重，並且保持著適當的體重。每天早晨，你都要看看

鏡子，提醒自己，要保持身體健康，不能暴食。每當你企圖吃東西的時候，做七次深長而緩慢的呼吸——然後喝大量的開水來代替食物——同時，還要做適當的運動配合（10）。

　　從現在起，每當你覺得肚子餓，或想吃東西的時候，你會注意到這種意念和信號。你將用這種意念和信號，激發減肥動機，驅使你去散步或走動走動，你感到身心舒服和充滿精力。你將會享受新鮮的空氣和散步的樂趣勝過於吃東西（10）。

　　當你減輕體重之後，潛意識會知道，怎樣的體重對你最好、最健康，你將會保持這個標準狀態，再不會增加體重了。

第八章
發揮你戒菸的力量

　　李威先生是我認識多年的朋友，55歲，任職房屋經紀，每天早晨起床，要做的第一件事就是抽一根菸，然後每隔20－30分鐘再抽一根，每天至少要抽兩三包。他結婚20多年，抽菸的習慣從未改變過。現在，他得了肥胖症、高血壓、高膽固醇、心血管狹窄、心肌缺氧絞痛、氣喘和肺水腫等，嚴重影響身體健康。醫生警告他必須立刻戒菸，否則後果將會十分嚴重。現在，像李威先生這樣的人，何止百萬！

　　當他學會自我催眠啓示的四個步驟，即自我身心放鬆、自我啓示、自我分析和自我治療後，一個星期就戒菸成功了。當他開始進入自我催眠狀態時，就告訴自己要下定決心戒菸，現在就立刻開始，不是明天，也不是後天。接著自我啓示，今後再不會買菸了，同時也不接受別人的給予。同時，他不斷地告訴自己抽菸的害處和不抽菸的好處。如果自己抽菸念頭湧起時，立即選擇新的活動替代，例如做深呼吸、散步運動、聽音樂，或嚼口香糖、吃水果或維他命 C 等，或立刻把菸折成兩段丟掉。三年以來，他沒有再抽過一根菸。

　　你也許很想像李威一樣戒菸成功，但你覺得非常困難，因爲

你從未認眞的想過要戒菸。有人覺得抽菸可以放鬆身心；有人覺得戒菸會使人感到不舒服，人生乏味，而且容易增加體重，甚至神經緊張等。雖然，世界上所有的醫學資料都證實，抽菸損害身體健康，甚至引起肺癌和心臟病等，但這都不能阻止你抽菸。理由你很清楚，可是你做不到，因爲不良的習性並非建立在你醒意識的推理分析和知識基礎上，而是根植於你的潛意識裡，不然你早就可以戒菸了。根植在潛意識裡的不良習性是根深蒂固的，不容易拔除。如果你想要戒掉吸菸的習慣，首先要知道你抽菸的種種理由。以下是任何一位抽菸者的理由：

1.抽菸使心情舒暢：當你早晨起床，覺得頭腦昏沉，又要開始一天的工作，尤其眼前好像看不見有什麼特別回報的時候。你抽菸來提起精神，覺得輕鬆和愉快，可以應付一天的工作量了。又或者，你單獨在家，覺得煩悶無聊，以抽菸來消除你的孤獨感。如果你的孩子長大離開家庭，或者當你的生命轉變的時候，你想與菸做「朋友」的意念將會越來越增強。

2.抽菸消除壓力情緒：因爲你一天工作的勞累和壓力，不容易消除，你想抽菸來輕鬆和鎮靜一下，得到暫時的快感。

3.抽菸是爲了社交需要：在社交的場所，你徘徊在人群之中，面對著陌生人，不知道該如何交談，也不道手該怎麼擺，你覺得緊張與不安，用抽菸來幫助自己鎮靜，同時製造談話的機會。你還認爲，抽菸可以建立形象和信心，容易結交一批抽菸朋友並獲得他們認同。

4.抽菸可壓制食慾和控制體重：抽菸可以暫時壓制食慾，所以你想用抽菸來減肥或抑制暴食的毛病。但是，如果你在早餐前，抽一根菸和喝一杯咖啡；午餐前吸兩根菸、喝一碗湯；然

後，抽三根菸來享受晚餐的話，你將會失去味覺和食慾，這對你的身體不會有任何益處。

　　以上的每一個理由都有正面的作用，譬如，你說你想心曠神怡，你要消除緊張壓抑的情緒，你為了社交自然或控制體重等，這並沒有錯。也許，這是衡量你抽菸的價值標準吧！不過，這只是你想建立不良習性來迎合你需要的藉口而已，最後將會損害你的身體健康。你不止一次地聽到抽菸的害處，但你總是不能戒掉抽菸，為什麼呢？因為抽菸已成為你的一種習性了。

抽菸是一種習性

　　你是否想過，你曾點燃了多少根菸呢？如果你一天抽一包菸，你就點燃菸20次，乘上365就可以知道一年你總共點了7,300次的菸。下次點菸的時候，請注意何時及何處這樣做，是在早晨起床時？早餐、喝茶或喝咖啡前？上班前？駕車時？午餐和晚餐後？你可以測出自己的抽菸模式。你每天不斷地重複這樣的模式，使它在你的潛意識裡成為自然的習性。當你稍微改變這個習性時，你的潛意識立刻會感覺到不同，你會緊張和不安，驅使你要抽菸來穩定這個習性。這就是條件反射的結果。條件反射是諾貝爾醫學獎得主，蘇聯生理學家巴夫洛夫（Ivan Petrovich Pavlov）在1904年所發現的。巴氏的主要貢獻，在於實驗研究動物的習性而探尋出人類的行為模式。他的著名研究，是研究狗的習性和發現什麼原因使狗重複其行為模式。他的研究很簡單：當他搖鈴聲響時，就立刻餵狗吃食物。他重複這樣的實驗很多次，發現甚至沒有餵狗食物，只是搖鈴時，狗也同樣會流口水。更令

人驚奇的是，當狗不飢餓的時候，也同樣流口水。鈴聲成為食物來臨的訊息，輸送給腦中樞，腦中樞告訴消化系統分泌消化液，首先開始分泌唾液。這個實驗掀開了研究人類行為模式的新頁，雖然人類為萬物之靈，但感官系統的條件反射功能與狗沒有什麼分別。

是的，我們與動物一樣！事實上，我們每天都有這種現象出現。譬如凱蒂每天抽兩包菸，當她每喝一杯咖啡或茶、進入她的車裡、吃東西之後，或做其他事情的時候，她一定要抽一根菸，形成了一種習慣。雖然，她知道這樣抽菸對身體健康有害處，但她說：「我不能控制自己」。她曾幾次斷斷續續的戒掉抽菸，但不久又恢復抽菸的習慣，每次都憎恨自己這樣做。每一次戒菸，她都對自己許下諾言：「以後再不會抽菸了。」不論如何的努力，她還是不能戒掉抽菸，與巴夫洛夫的狗一樣，她對「鈴聲」的菸產生了條件反射，要流唾液。凱蒂抽菸與她的情緒滿足有關，每當她緊張和壓力時，她就抽菸，抽菸之後覺得身體輕鬆了，同時以為抽菸可以控制體重。

如果你像其他的抽菸者一樣，認為抽菸可以解除緊張、壓力，當這個「解除感」在你的潛意識裡重複千百次的時候，你的潛意識就會接受它是事實，並且用行動來實現。既然，你開始抽菸是自己的意願，你也一定能夠用自己的意願去戒菸。不是嗎？

你為什麼抽菸？

現在，請你想一想，你為什麼開始抽第一根菸？什麼時候？你是否覺得抽菸表示成熟和冷靜？是否同輩壓力所致？你父母是

否禁止你抽菸？或父母也是抽菸者？

　　你也許在少年時代就開始抽菸。根據美國醫學調查報告，所有抽菸者之中，在20歲之前開始抽菸的占90％，其中60％在16歲之前就開始抽菸。如果你知道，你在少年時抽菸，是基於不正確的訊息和理由，現在你想要戒菸，你有必要重新體會少年時代的決定，提醒自己當時抽菸和現在戒菸的理由。

你何時、何地及為何抽菸

　　下面的練習題目，將幫助你了解自己何時和何地抽菸，以及為何抽菸。以劃勾來回答「是」與「否」。

何時抽菸		是	否
我抽菸，當我感到	單獨時	—	—
	被孤立時	—	—
	被忽略時	—	—
	不愉快時	—	—
	緊張壓力時	—	—
	不安全時	—	—
	難堪時	—	—
	不舒服時	—	—
	其他原因	—	—
何地吸菸		是	否
我經常抽菸	在車裡	—	—
	在電視機前	—	—
	在飯前或飯後	—	—
	在辦公室	—	—

		是	否
	在休息室	—	—
	在交易所	—	—
	在夜總會	—	—
	在社交場所	—	—
	其他	—	—

爲何抽菸		是	否
我抽菸是我需要	友誼	—	—
	突破日常工作	—	—
	舒服	—	—
	放鬆	—	—

		是	否
我抽菸是我需要	控制食慾	—	—
	被人注意	—	—
	集中精神	—	—
	其他	—	—

　　當你知道何時何地及爲何抽菸時，你就可以開始改變你的生活和行爲方式，重新選擇替代的做法或活動了。請看下面右邊新的選擇欄，不要忙於填上，想一想然後再做新的選擇。例如：

何時抽菸	選擇新的替代活動
我抽菸，當我感到孤獨時	當我感到孤獨時，我拜訪朋友、打電話或寫信給朋友、做義工、閱讀書報、聽音樂等。
我抽菸，當我覺得壓力時	當我壓力時，閉上眼睛做十次深長而緩慢的呼吸。我去散步，轉

	移注意力，發揮正面的想像力。
何地吸菸	
我經常在車裡抽菸	在車裡，我做深呼吸和放鬆身體肌肉、發揮美好像想力、聽廣播和音樂等。
我在社交場所經常抽菸	在社交時，我參加非抽菸的人群，自我介紹並且做簡短交談，盡量找機會與人交際。
為何抽菸	
我抽菸是需要突破日常工作	如我需要突破日常工作，在腦力方面，我要完成工作報告和安排未來工作計畫等；在體力方面，我要做運動或整理庭院，喝水或茶來替代抽菸。
我抽於是需要控制食慾	當我需要控制食慾時，我切斷不健康的食物，減少攝取高脂肪和高熱量食物，多吃水果和蔬菜，或嚼口香糖、胡蘿蔔和維他命 C 等。

再請你回答以下的問題：

1. 你幾歲開始抽菸？
2. 一天中，你什麼時候開始抽第一根菸？
3. 你一天抽幾根菸？
4. 你每天在什麼時候抽菸最多？

5.什麼時候你最享受抽菸的樂趣？

6.你曾經多少次想要戒菸？

7.你戒菸曾維持多久時間？

8.為何你又再抽菸？

9.請列舉你要戒菸的三個重要理由。

10.你現在抽菸最重要的一個理由是什麼？

11.你現在不能戒菸的理由是什麼？

12.什麼時候你要開始戒菸？

13.若你戒菸，什麼人最受益或感激？

14.請列舉三個你繼續抽菸的話，最擔心或害怕的後果。

抽菸者的壞消息

以下是對抽菸者的壞消息：

1.菸含有危害性有毒化學物質：如尼古丁、安息香比林可引起癌症。肺吸入硫、亞硝酸鹽、氨（阿摩尼亞）、氰化氫、氯乙烯、甲醛、鎘、亞硝胺、揮發性酒精和氨基甲酸酯等有毒化學物質，經過血液循環到達身體各個部位，嚴重的影響身體健康。

2.抽菸不僅對肺部有害，而且有毒的化學物質在血液中循環，加速動脈硬化，引起高血壓、心肌梗塞等疾病。

3.抽菸除了呼吸和循環系統受害外，消化系統也受害，可引起胃腸潰瘍等。

4.菸的臭味難聞，會髒污衣服、頭髮和身體。抽菸者呼吸時味道令人不舒服，牙齒變黃不雅觀。

5.抽菸造成污穢，菸灰和菸頭等會污染環境。

抽菸者的好消息

　　雖然，抽菸者有很多壞消息，但也有很多抽菸者的好消息如下：

　　1.你可以用自我催眠啓示方法來戒菸。抽菸是一種後天習性，這種習性是可以改變的。當你接受自我催眠啓示，改變你的人生觀和生活方式，你自然很容易戒掉抽菸的習慣了。

　　2.戒菸最好的方法是發揮你的想像力，來解除你抽菸的條件反射作用以及種種的抽菸理由。具有良好的動機，是破除一切不良習性的堅強力量。

　　3.發揮你的潛意識力量，從潛意識裡決心戒菸就會成功。外界沒有任何一種力量強過你的精神力量。

　　4.你以前曾經戒菸失敗過，請分析失敗的原因。如果你下定決心，這次戒菸一定會成功的。你要設想以前的戒菸失敗，是爲了這次成功戒菸做好準備。

　　5.如果你要戒菸是因爲健康的理由，那你一定會成功的。你要做的事情非常簡單：就是立刻以行動來實現。

成功的戒菸講稿（在深入催眠法後使用）

　　從現在起，你會發現自己越來越有強烈的渴望和理由——想戒菸——越來越警覺到抽菸對健康有嚴重影響，它會增加心肌疾病的死亡率，增加你的呼吸困難、氣喘和氣管炎發生——甚至使你死於肺癌——雖然要經過一段的時間才發生癌症——但這是醫

學證明的事實。現在，你會發現抽菸已嚴重的影響你的日常生活
——你的肺活量下降——走路或上樓梯時，呼吸短促而淺薄——
嘴唇和喉嚨經常乾燥——你失去了味覺——口腔味道經常惡化
（30）。

抽菸不但影響你的健康，而且還增加你的經濟負擔——你可
以儲存一天，一月和一年花在購買香菸的錢——你越來越知道抽
菸不受人歡迎——不被家人和社會所接受——抽菸對你周圍人的
健康也有損害性的影響（30）。

你曾爭論過，抽菸可以放鬆自己，「飯後一根菸，快樂似神
仙」，但你心裡明白得很，那不是事實——它會使你更緊張、更
擔心和憂慮（10）。

現在，請發揮想像力，想像你在家裡，晚飯後坐在舒服的沙
發裡看電視的情景。在旁邊的茶座上，放著一杯好茶。你一方面
品嘗著香濃的茶味，一方面身心放鬆的看著電視——這時候，你
想抽根菸享受一下（5）。你想抽菸的意念越來越強烈———你
打開那包菸盒，取出一根菸來，把那包菸放回茶座上（5）。注
意那一根菸夾在你的食指和中指之間的感覺。在你手指之間轉動
那根菸，同時注意菸紙和濾嘴之間的差別（30）。把菸提起到嘴
唇邊緣，直到你聞到菸味為止（30）。把菸放在嘴唇之間——注
意菸味在你的嘴和鼻子裡，逐漸的加強——注意那一根菸夾在你
兩片嘴唇之間的感覺（30）。

現在，把菸從你的嘴裡拿開，慢慢的放下你拿著菸的手——
注意當你把手放下去的時候，你會覺得如何的輕鬆——越來越輕
鬆。你拿菸的手放得越低，你就越感到身心放鬆——深深放鬆
——你覺得很舒服、平靜和安寧。

　　現在，把那一根菸放回菸盒裡，同時把菸盒封好。注意你的感覺是如何的舒服、平靜和安寧（5）。你把放在茶座上的菸盒推開，遠離你一點，你會覺得更舒服，更放鬆，更平靜和更安寧（30）。注意你內心裡產生平安和健康的感覺，你再把菸盒推開，遠離你一點。好！

　　現在，你再把那包菸盒拿起來。你這樣做的時候，注意你手中的感覺，那是很不愉快的感覺──在你的胃中。你從菸盒裡再取出一根菸，注意菸在手指中的感覺──注意不舒服和緊張的感覺在你的胃中──把那一根菸提到嘴唇邊緣，直到你聞到菸味，你會感到越來越不安，越來越緊張為止──你的不舒服、不安和緊張的感覺越來越增強（30）。把那一根菸放在嘴唇之間──注意菸味在你的嘴和鼻子裡感覺，逐漸的加強──注意菸夾在你兩片嘴唇之間的感覺──你不舒服、不安和緊張的感覺越來越增強（30）。

　　現在，把那一根菸從你的嘴裡拿開，在手中握住一會兒，注意你的不安和緊張立刻消減。慢慢的放下你拿著菸的手，注意當你把手放下的時候，你會覺得如何的輕鬆──越來越輕鬆。你拿菸的手放得越低，你就越感到身心放鬆──深深放鬆──你覺得很舒服、平靜和安寧。

　　現在，把那一根菸放回菸盒裡，同時把菸盒封好。注意你的感覺是如何的舒服、平靜和安寧（5）。現在，你把放在茶座上的菸盒推開，遠離你一點，你會覺得更舒服，更放鬆，更平靜和更安寧（30）。注意在你的內心裡產生平安和健康的感覺，你再把菸盒推開，遠離你一點。好！

　　從現在起，你會發現如果再繼續吸菸下去，你會感到失望，

覺得菸味變質，味道難聞，是臭菸，猶如放在菸灰缸裡的過夜死灰一樣——你會感到不愉快、惡心、頭暈——你的嘴裡發出死灰的臭味——你流汗也夾著這些臭味（10）。

當你的內心充滿著不愉快和危險感的時候，你再不會想去抽菸了——再不想從菸盒裡取出一根菸，即使你取出來，也會放回菸盒裡去——當你想抽菸的時候，心裡會立刻想起抽菸的害處——你再不想抽菸了（10）。

你知道，當你緊張或煩惱時，你會有抽菸的意念——從現在起，你抽菸的意念還未湧起之前，先用身心放鬆法來消除它——同時做七次深而緩慢的呼吸——你繼續這樣做下去，抽菸的念頭自然會消失——你會厭惡抽菸（30）。

同時，你的潛意識知道你要戒菸的理由——你會很安全的戒掉抽菸的習慣——很快你會發現你再不想抽菸了——你完全失去了抽菸的意念——你完全失去抽菸的意念（30）。

從你不再抽菸的時候起，你甚至不會聞到別人的菸味——不再抽菸的意念將永遠刻入你的腦裡，不會磨滅——從你不再抽菸的時候起，你將不會有難過的感覺，以前你不抽菸時的不愉快感覺會消失——永遠消失（10）。

當你能夠主宰自己命運的時候，你會為自己的決心和意志力感到驕傲——你將會是一個受人尊敬的人——你會感到身心健康愉快，你的肺部會覺得清潔和舒服，你將會充滿精力，享受人生的快樂——你會越來越放鬆、平靜和安寧——這樣你再不需要抽菸來放鬆自己了（30）。

從現在起，你會發覺食物的味道很香，但你要努力控制自己，不要過食，增加體重——你對不健康食物的慾望將會消失

──你不會用吃東西來代替抽菸──你會在愉快享受正常食物的
同時──感覺到身體一天一天的健康，一天一天的強壯──你抵
抗疾病的能力也與日俱增（30）。

第九章
自我催眠激發出強大的戒酒力

　　也許你會問：為了交際應酬而喝酒，會養成酗酒的習慣嗎？酗酒，是一個非常複雜和個人的問題。例如，一位女士在喝了第一杯酒後，就會產生暴力行為；一位年輕人每隔五天就會發生一次昏醉；一位中年男士，每天早晨都要喝一斤高粱酒後，才能去上班；一位30多歲、婚姻生活有問題的女士，每星期五晚上就開始喝酒，直到星期天早晨才停止，然後昏睡到星期一，才帶著疲倦的身體去上班。以上這些人，他們經常會否認或低估他（她）的喝酒量，但可以說他們都是酗酒或酒精中毒的人。

　　當然，不是每一個喝酒的人，都會引起酒精中毒。你可以根據世界衛生組織的審核問卷調查，看看自己是否酗酒或酒精中毒（見如下表格）。有些人可以在任何時間喝酒，也能夠在任何時間戒酒不喝。有些人卻失去了控制力，而無休止的喝酒，結果造成傷害，甚至喪失了健康和生命。如果男士每天飲入的酒精含量超過120克，女士超過80克，就會對身體或心理造成危害，並且引發急性疾病、外傷、家庭暴力與社交問題等。

世界衛生組織酒精依賴性與酗酒審核問卷調查

選擇回答以下10個問題，並計算其總分數。

1. 你有經常喝酒的習慣嗎？

    （0）從未；（1）一個月一次；（2）一個月2－4次；（3）每週2－3次；（4）每週4次以上。

2. 在一天中，你曾喝過多少標準酒量（一標準酒量為10克酒精）？

    （0）1－2；（1）3－4；（2）5－6；（3）7－9；（4）10以上。

3. 你曾經一次喝酒超過6以上的標準酒量嗎？

    （0）從未；（1）一月之內；（2）每個月；（3）每週；（4）幾乎每天。

4. 一年來，你是否經常發現很難停止喝酒？

    （0）從未；（1）一月之內；（2）每個月；（3）每週；（4）幾乎每天。

5. 一年來，你是否經常發現你因喝酒而誤事？

    （0）從未；（1）一月之內；（2）每個月；（3）每週；（4）幾乎每天。

6. 一年來，每當你酗酒後的早晨，是否經常需要喝第一杯酒振作精神？

    （0）從未；（1）一月之內；（2）每個月；（3）每週；（4）幾乎每天。

7. 一年來，每當你酩酊大醉之後，曾經有幾次覺得內疚或要戒酒？

    （0）從未；（1）一月之內；（2）每個月；（3）每週；（4）幾乎每天。

8. 一年以來，當酩酊大醉之後，是否經常記不起喝酒前發生的事情？

（0）從未；（1）一月之內；（2）每個月；（3）每週；（4）幾乎每天。

9.曾經因為你喝酒而導致自己或他人受傷？

（0）沒有；（2）有，但非一年內；（4）有，一年內。

10.親人或朋友，醫生或其他衛生工作者，是否關心你酗酒的事情，或勸你戒酒？

（0）沒有；（2）有，但非一年內；（4）有，一年內。

附註：如果總計分為8－12，表示具有危害性消耗酒精量。如果總計分超過13以上，表示為強迫性酗酒以及酒精依賴性。

潛意識裡產生強迫性酗酒

　　為什麼有些人會變成強迫性酗酒呢？原因很多。大部分酒癮者的個性都具有過度的敏感性，致使他們不能忍受生命的挫折和困難，他們內心都遭受過複雜的傷痛，使得他們藉酒消愁。同時，他們不能有效的控制自己去戒酒。

　　企圖逃避現實，也是引起強迫性喝酒的原因之一。大部分酒癮者，他們都想逃避痛苦和失望，而且經常用不同的方法逃避現實。例如，有些人賭博；有些人縱慾；有些人吸毒；有些人酗酒等等。這些人雖然逃避現實的方法不同，但都具有相同的潛在動機，即是麻醉自己，以安慰個人不幸所引起的內心精神痛苦。他們看到別人很容易克服生命中的一些問題，但他們卻感到困難，覺得自己的「條件不同」。也許，我們之中也有不少人，早上都不大願意起床去工作，但是，大多數人都認識到不能逃避現實和

自己的責任。

欠債、婚姻不如意、工作緊張壓力、生意失敗和身體疾病等，都會引起過度的酗酒習慣。事實上，酒精中毒者往往不能忍受生命中出現的一些逆境。

此外，是酒精中毒者具有一種自我毀滅或掩飾反常人格的表現。許多心理精神學家指出，酒精中毒是一種慢性的自殺，導致慢慢的死亡。他們不能夠分辨和認識真正的人生目的和動機，在他們的潛意識裡會產生失敗的感覺。

酒癮者經常在生死之間徘徊，他們既恐懼死亡，也害怕生存，他們似乎生活在另一個空間！這是一種局部的慢性自毀，即毒害自己的身體和心靈，但卻不會引起立刻死亡。酒精中毒者的生存和死亡，決定於他們的意念。

還有，人之所以過度喝酒的原因，是因為要解除束縛和自責。一般來說，我們每個人都有原始的感性衝動要尋找出路，只是我們的醒意識不允許這樣做而已。在酒精中毒的人看來，酒精可以使人感覺到飄飄欲仙，使幻覺變成了真正的生活圖景。的確，酒精能暫時解除個人的擔心和害怕，使人們的弱點和自卑感得到慰藉，消除束縛和自責的心理感覺，但酒精中毒的後果卻更令人擔心啊！

戒酒的有效方法：自我催眠

幫助戒酒的方法很多，例如透過分析處理和切斷「幼年欲望」以改變嗜酒者的行為；用心理治療找出嗜酒的根源，以及酒瓶的象徵意義；或以對抗性藥物治療，使喝酒時發生嘔吐，嘔心

感覺會使嗜酒者厭惡酒精，從而改變其行為習慣。以上的這些療法，也許對一些人有效，但對另一些人卻完全無作用。

雖然，目前尚未有一種最有效的戒酒方法，但自我催眠啟示療法，對於解除嗜酒卻非常有效，尤其在與專門的心理輔導戒酒計畫相結合的時候。應用自我催眠啟示療法，當你進入潛意識催眠狀態時，以自我催眠分析的方法，分析自己嗜酒的心理因素，找出酗酒的根源。當你發現潛意識裡的酗酒理由時，你下決心需要戒酒，並且立刻開始。

以下是自我啟示的例子，你可以參考應用，也可以加以增減，以符合你的實際需要。當你進入催眠狀態時，就對自己大聲或默默地重複這些有益的啟示，並且不斷地重複啟示，你喜歡多少次都可以。

1. 對於生命中所遭遇的困難和挫折，我不需要喝酒也能夠應付。

2. 我自己決定要戒酒。

3. 戒酒後，我會感到身心更健康。

4. 我感到驕傲和滿足，因為戒酒是我自己的決定。

5. 每一天我少喝或不喝酒，就會越接近永遠不喝酒了。

6. 我會經常提醒自己喝酒的害處，分析自己嗜酒的原因。

7. 我每天都覺得心情愉快，精神飽滿。

8. 我每天都要練習身心放鬆方法。

9. 我是一個不喝酒的人。

10. 我要做一個受人尊敬的人。

11. 當我進入自我催眠狀態時，我會重複又重複這些啟示。

成功的案例

我經常應用自我催眠啓示療法，來幫助酗酒的人戒酒，通常都得到良好的效果。現僅舉兩個例子說明：

1.喬先生是中年獨身的王老五，職業是建築師，經常超時工作。每天晚上工作結束後，就回到自己的寓所喝半公斤的威士忌。他的酒量逐漸的增加，經常在周末一個人喝完一瓶威士忌。不久，他開始發現除非喝幾杯酒，否則很不容易去上班。因此，他每天都要強迫自己喝酒，開始發生了間發性的酗酒症狀。

他的工作效率越來越差，顧客對他非常失望。於是，他對任何事物都冷漠不關心，沒有一件事情能引起他的興趣。他越來越退縮在自己的小天地。

最後，他決定接受自我催眠啓示療法，來解決他的問題。出乎他意料之外，三次療程後，他就開始戒酒了。他很高興自己完全可以去工作，而沒有緊張的感覺，也不需要喝酒來放鬆自己了。不久，他認識了一位很好的女朋友，使他更決心戒酒了。

2.蔡先生是一位工作認真、責任心很強的人，但是嗜酒如命，曾經因醉酒而發生過嚴重車禍，幸而沒有生命危險。他經常喝得酩酊大醉，家人也受到干擾，弄得家庭不能安寧。他的母親臨終時，頻頻咐囑他這一生千萬不要再喝酒了。他答應了母親的要求，曾經戒酒了一陣子，但很快又開始喝酒了。他幾次戒酒都沒有成功。他發現自己有高血壓與高膽固醇，醫生警告他再不戒酒的話，就會嚴重影響身體健康。

1996年，華光智能發展中心組團來澳洲學習旅行，參加我主

辦的催眠啓示療法課程。蔡先生是團員之一，他極愛喝酒，澳洲的啤酒又聞名世界，於是，他的旅行袋裡隨時都裝滿了啤酒。在參觀著名的藍山鐘乳石洞時，雖然禁止喝酒，但他也在洞裡偷偷地打開啤酒喝，隨行的女團友聞到啤酒味，都驚訝地說：「澳洲的鐘乳石洞眞奇怪，跟桂林的不同，怎麼會發出啤酒味！」他覺得很不好意思，於是，下定決心戒酒。

　　他只接受了兩次的自我催眠啓示療法，就立刻戒酒了。什麼原因使他能夠成功的戒酒呢？第一，他要做一位受人尊敬的人。所以，他內心產生一種力量和決心，相信自己一定能夠戒酒。第二，動機、信心和潛力，這是他成功戒酒的要素和原動力。在進入催眠狀態時，告訴他要不斷自我啓示戒酒，要下定決心戒酒，做一位受人尊敬的人。

戒酒講稿（在深入催眠法後使用，與戒菸講稿類似）

　　從現在起，你將會發現自己越來越有強烈的理由——要戒酒——越來越警覺喝酒對你的健康有嚴重影響，長期喝酒會使你產生幻覺，影響你的行爲——你手腳顫抖、胃痛、惡心、嘔吐——血壓升高、心跳加快、增加心臟病的死亡率——死於肝硬化，甚至肝癌——還有喝酒會引起腦細胞的損傷或死亡（60）。雖然要經過一段時間才發生——但這是醫學證明的事實。現在，你將會發現喝酒嚴重的影響你的日常生活——你的肝功能下降——走路或上樓梯時，呼吸短促而淺薄——酒醒之後，會覺得頭痛，失去食慾——胃口不佳（30）。

　　喝酒不但影響你的健康，而且還增加你的經濟負擔——你可

以儲存一天、一月和一年花在購買酒的錢──你越來越知道喝酒不受家人歡迎──醉醺醺的不被家人和社會所接受（30）。

你說，喝酒可以放鬆自己，消除心中的煩悶，促進血液循環──但你心裡明白得很，這不是事實──而且有過經驗，「喝酒消愁，愁更愁！」──它會使你更緊張，更擔心更憂愁（30）。

現在，請你發揮想像力，想像你在家裡。晚飯後，坐在舒服的沙發裡看電視。在旁邊的茶座上，放著一瓶好酒。你身心放鬆的看著電視──這時你想喝杯好酒享受一下。你一方面品嘗著香濃的好酒，一方面身心放鬆的享受電視節目（5）。你想喝酒的意念越來越強──你從放在茶座上的酒瓶裡倒出一杯酒──注意那瓶酒在你手中的感覺──你打開酒瓶蓋子，倒出一杯酒來，你把那瓶酒放回茶座上（5）。注意那酒杯在你手中的感覺，你用手指轉動那酒杯，同時注意酒杯的形狀（30）。把酒杯提到嘴邊，直到你聞到酒味為止（30）。把酒杯放在嘴唇之間──注意酒味在你的嘴和鼻子裡，逐漸的加強──注意酒在你兩片嘴唇之間的感覺（30）。現在，把酒杯從你的嘴裡拿開，慢慢的把酒杯放在茶座上──注意當你把手放下的時候，你會覺得如何的輕鬆──越來越輕鬆。你拿酒杯的手放得越低，你就越感到身心放鬆──深深放鬆──你覺得舒服、平靜和安寧。現在，把那杯酒倒回酒瓶裡，同時把瓶蓋封好。注意你的感覺是如何的舒服、平靜和安寧（5）。你把放在茶座上的酒瓶推開，遠離你一點，你會覺得更舒服，更放鬆，更平靜和安寧（30）。注意，在你的內心裡產生平安和健康的感覺，你再把酒瓶推遠一點。好！

現在，你再把那酒瓶拿起來。當你這樣做的時候，注意你手中的感覺，那是不愉快的感覺──產生在你的胃中。你從酒瓶裡

倒出一杯酒來，注意酒杯在手中的感覺——注意不舒服和緊張的感覺在你的胃中——把酒杯提到嘴邊，直到你聞到酒味，感到越來越不安、越來越緊張為止——你的不舒服、不安和緊張的感覺越來越增強（30）。把酒放在嘴唇之間——注意酒味在你的嘴和鼻子裡，逐漸的加強——注意酒在你兩片嘴唇之間的感覺——你的不舒服、不安和緊張的感覺越來越增強（30）。現在，把酒杯從你的嘴裡拿開，握在手中一會兒，注意你的不安和緊張立刻消減。慢慢的把酒杯放在茶座上——注意當你把手放下的時候，你會覺得如何的輕鬆——越來越輕鬆。你拿酒杯的手放得越低，你就越感到身心放鬆——深深放鬆——你覺得很舒服、平靜。現在，把那杯酒倒回酒瓶裡，同時把瓶蓋封好。注意你的感覺是如何的舒服、平靜和安寧（5）。現在，你把放在茶座上的酒瓶推開，離你遠一點，你會覺得更舒服，更放鬆，更平靜和更安寧（30）。注意，在你的內心裡產生平安和健康的感覺，你再把酒瓶推遠一點。好！

從現在起，你會發現如果繼續喝酒下去，你會感到失望，覺得酒味變質，味道難聞，是臭酒，猶如尿桶裡的尿味一樣——你會感到不愉快，噁心，頭暈——如果你再喝酒，你的嘴裡會發出尿的臭味——你流汗也夾著這些臭味（10）。

當你的內心充滿著這種不愉快的感覺，你再不會想去喝酒了——再不想從酒瓶裡倒出酒來，即使倒出來了，也會再倒回去酒瓶裡——當你想品嘗一點酒的時候，你心裡會立刻想起喝酒的害處——你再不想喝酒了（10）。

你知道，當你緊張或煩惱時，你會有喝酒的意念——從現在起，當你喝酒的意念還未湧起之前，你要用身心放鬆法來消除它

——同時做七次深而慢的呼吸——你繼續這樣做下去，喝酒的念頭自然會消失——你會厭惡喝酒（30）。

同時，你的潛意識知道了你要戒酒的理由——你會很安全的戒掉喝酒的不良習慣——很快你會發現再也不想喝酒了——你完全失去了喝酒的意念——你完全失去喝酒的意念（30）。

從你不再喝酒時起，你甚至不會聞到別人的酒味——不喝酒的意念將永遠刻入你的腦裡，不會磨滅——從你不再喝酒的時候起，你將不會有難過的感覺，以前你不喝酒時的不愉快感覺，將會消失——永遠消失（10）。

當你能夠主宰自己命運的時候，你會為自己的決心和意志力而驕傲——你將會是一個受人尊敬的人——你會感到身心健康愉快，你的肝臟會覺得清潔和舒服，你會充滿精力，享受人生意義——你會越來越放鬆、平靜和安寧——你再不需要喝酒來放鬆和消愁了（30）。

從現在起，你會發覺食物的味道很香，但你要努力控制自己，不要過食、增加體重——你對不健康食物的慾望將會消失——你不會用吃東西來代替喝酒——你會在愉快享受正常食物的同時——感到身體一天一天的健康，一天一天的強壯——你抵抗疾病的能力也一天天增強（30）。

第十章
藉由催眠進入舒服的睡眠

　　你辛苦工作了一整天後，晚上需要一個舒服寧靜的睡眠。你躺在床上，閉上眼睛，很想趕快入睡，但你不能，腦海裡翻騰著尚未完成的工作，要呈上級的報告書只剩下三天時限了。你越努力要自己睡覺，你就越難入眠。一個思潮在腦裡湧起尚未消失之前，另一個想法又出現了。時間一分鐘一小時的過去。你看著時鐘，「啊，已經是夜裡一點半了，我晚上七點鐘就上床了，現在仍然不能入睡。怎麼辦呢？」你知道，今天晚上將不會有足夠的睡眠了，你開始擔心明天不能夠精神飽滿的去工作。「哎，現在將近三點了，即使我在五分鐘後入睡，也只能睡三個小時了。我只睡三小時是不夠的。」當你繼續擔心的時候，你的腎上腺素就會大量分泌，促使你更加清醒，精神更高亢，睡眠又這樣地溜走了一晚。別以為世界上只有你一個人失眠，失眠在我們的社會中是最普遍的一種現象，根據美國睡眠障礙學會報告，幾乎每三個人之中，就有一個人發生睡眠困難，每二十人中有一個人長期慢性失眠，美國將近三千萬人因失眠而苦惱。失眠，只是一種症狀，不是疾病。

需要多少睡眠才足夠？

　　我們每一個人都需要睡眠，但每一個人都有不同的睡眠時間。也許，6小時的睡眠對你很足夠，但對別人可能不夠。有人只睡4－5小時，有人要睡8－10小時。你的身體會決定多少的睡眠，才是適當的。隨著年齡的增長，睡眠的時間也會跟著減少。嬰兒在一天之中，大部分時間（約16小時）都在睡覺，青少年需要9小時，而成年人一天只睡6－8小時。此外，睡眠週期也隨著年齡增長而變化，例如，年齡漸長進入深度睡眠的層次減少，而淺度睡眠層次卻增加，同時半夜覺醒的次數也增多，經常一夜之間要覺醒好幾次。我們每晚都需要足夠的睡眠，第二天早晨才能夠精神飽滿，心情愉快。

　　很多人認為睡覺只是一種特有的方式或過程，把我們從醒意識中分離出來，讓腦力復原與更新。事實上，睡覺是我們從外在世界進入內在世界的過程。在睡眠中的自我，並非不同的一個人，而是我們自己的另一面。在睡覺的時候，我們都具有相同的個性，愛情、幸福、喜樂、恐懼、痛苦、憤怒、喜笑或痛哭等，都經常會在夢中出現與反應。

　　如果我們能體會睡眠與覺醒必須和諧，就更能夠了解為什麼會失眠。我們知道，經常影響我們日常生活的事物，也常會帶到我們睡覺的時候。因此，在覺醒時發生的一些問題，例如不愉快的工作，焦慮、憂鬱的情緒，家庭的糾紛，人事的困擾等，都能使我們產生不同程度的失眠。

導致你失眠的因素

下面是幾種經常出現的失眠因素，你究竟是屬於哪一種呢？要改善睡眠，你首先必須了解干擾睡眠的原因。

1.你帶著煩惱和憂慮上床。如果你躺在床上，經常想著生活中的不愉快或憂慮工作問題，煩惱和憂慮一個接著一個出現時，你就一定不會有良好的睡眠。雖然，很多人經常在睡覺前考慮和解決問題，但你應當知道焦慮不安的失眠之夜，並不能幫助你有效的解決問題。運用自我催眠可以幫助你打破睡覺前過度思慮的習慣。

2.你誤以為自己是個失眠者。如果你給自己這樣的暗示，你的潛意識就會相信它是事實。如果你認為自己什麼事情都做不好，甚至睡覺都睡不好，因此，失眠是對自己的一種應得的懲罰，這樣你一定會繼續失眠下去的。應用自我催眠給予自己正面的啟示，可以幫助你消除這些負面想法。

3.你身體過度的緊張或疲勞。如果你帶著過度緊張或疲憊的身體上床，你一定不易進入睡眠狀態。身體經常過度疲憊時，你的情緒就會非常緊張。當你上床的時候，雖然身心感覺到極度衰竭，但你精神緊張使你不能進入睡眠。恐懼更會使你失眠，因為恐懼刺激你高度警覺，感覺心跳加速，不可能安靜入睡。應用自我催眠可以幫助你的身體放鬆，心情舒暢平靜，促使你很快的進入睡眠。

4.你身體不舒服或有疼痛感覺。如果你上床時，把注意力放在不舒服的部位，要以意志力來把它封閉或消除的話，反而增加

不舒服或疼痛的感覺，使你不容易進入睡眠。不論你的不舒服，是暫時性的（如肌肉扭傷），或慢性的（如風溼性關節炎等），你可以應用自我催眠啓示方法調理，減少或消除不舒服或疼痛感覺，使你進入良好的睡眠。

5.睡覺的環境不佳，會影響你入睡。良好的環境對睡眠很重要，例如床墊過硬、周圍環境嘈雜，或半夜電話鈴聲驚醒等，都會使你很難入睡。有些人在陌生的環境不易入睡，例如一位中年朋友，每次出去旅遊的時候，經常不能睡覺，有一次去中國大陸觀光三個星期，竟然每晚都失眠，現在他再也不敢外出了。通風不良的房間、過熱或過冷天氣、伴侶鼾聲等，都會影響你的睡眠。應用自我催眠啓示，能夠減少或消除這些因素影響，使你進入舒適的睡眠。

6.罪惡感影響。如果你帶著良心不安的感覺上床睡覺，你準會睡不著。不論是什麼原因引起你的擔心和憂慮，良心犯罪會使你產生恐懼，引起焦慮和失眠。你可以用自我催眠啓示，來幫助內心寧靜。

7.不良的習慣。如果你在睡前飲食過飽，一定會使你有一個難眠之夜。但是，極度飢餓也會使你不能入睡。你不能在劇烈的運動、高度興奮的談話或強烈腦力精神活動之後，跳上床就立刻進入夢鄉。如果你白天喝了大量的咖啡、紅茶或含咖啡因的飲料，或是抽菸，都會影響你入睡。你不能把大量的咖啡因放在日常飲食中，期待著會在晚上有一個舒適的睡眠。大量喝酒，雖然可以讓你入睡，但卻會在半夜干擾你，使你不能再入睡。

可以用藥物治療失眠嗎？

　　舒適而寧靜的睡眠是人類的願望。大部分失眠的人，都經常服安眠藥來幫助睡眠。安眠藥不論是處方或非處方的，只能夠暫時幫助你消除一夜或兩夜的失眠，讓你的身體感到舒服。但依靠藥物來控制睡眠，往往會使失眠問題更加嚴重，並且還有副作用，甚至掩蓋發生失眠的真正原因。

　　某些安眠藥不但不能真正改善你的睡眠，使你獲得舒服的睡眠，反而抑制REM（快速動眼期）睡眠階段，使你早晨不易起床，感覺處在昏睡狀態，甚至引起一天疲勞。現代睡眠研究證實，這個REM睡眠階段是不可缺少的，通常與作夢有關。如果剝奪了人的REM睡眠階段，就會引起心理反抗，產生易怒與焦慮情緒，甚至引起人格扭曲或挫折感。長期服用安眠藥，會產生對藥物的成癮性，同時在潛意識裡抑制住睡夢階段，它的害處大大超過於益處。

自我催眠使你進入舒適的睡眠

　　李蓮娜，30歲，女性，自從她唯一的親人——母親逝世之後，就開始失眠。她母親死於乳癌，年僅56歲。她每晚都痛哭，想念著母親，開始產生壓力和焦慮情緒，擔心不知道該如何消除內心的悲痛，於是食慾減退、體重減輕。她緊張、焦慮的情緒，使她白天不能集中精神工作，晚上也不能睡覺，更不能好好的去渡假休息。她服用安眠藥來幫助睡眠，剛開始效果還不錯，不久

之後安眠藥的效力下降，雖然改服另一種安眠藥，但又發生同樣的問題。她擔心安眠藥的副作用，於是決定接受催眠啓示療法。

首先，我敎她學會如何放鬆自己的身心與如何自我催眠啓示。在練習開始，必須選擇安靜的環境，讓她緊張的身體完全放鬆，然後引進鬆弛與舒適的感覺，使她逐漸地進入安寧的催眠狀態。她是很好的催眠對象，很快進入了催眠狀態，同時非常容易接受啓示。之後，要求她每天都練習身心放鬆與自我催眠啓示，每天都要告訴自己，今晚一定會進入舒服與寧靜睡眠的，而且不再需要依靠安眠藥了（啓示內容如後述）。她的自我催眠啓示方法很簡單，當她躺在床上的時候，首先做深長而緩慢的呼吸，然後注意或檢視身體的每一個部位，如果覺得那裡緊張就放鬆它，從頭頂放鬆直到腳底下。同時告訴自己每一次呼吸之後，身體越來越感到疲倦而想睡，昏昏想睡……。她練習了自我催眠啓示一個星期之後，不再需要安眠藥，就能很快進入睡眠了。

她的自我啓示內容如下（你可以參考應用）：

1.我的眼睛漸漸的感覺到疲勞，很疲勞，非常的疲勞，很快我就會閉上眼睛，進入深深睡眠了。

2.我的身體越來越放鬆。

3.我感到全身的肌肉都放鬆了。

4.我昏昏想睡，昏昏想睡和昏昏想睡。

5.當我內心默默倒數從50，49，48……我會逐漸的進入深深的，更深和更深的放鬆。當倒數到1的時候，我會立刻進入舒服而寧靜的睡眠了。

6.我每天早上起來的時候，都會感到精力充足、心情愉快。

7.我每晚睡覺前清潔牙齒，同時也清理乾淨我的憂慮和緊張

情緒。

治療失眠講稿（在身心放鬆法及深入催眠法講稿後使用）

現在，再讓你的身體輕輕的飄浮，再慢慢的下沉，飄浮和下沉，飄浮和下沉，進入深深的睡眠，更深更深的睡眠。現在，讓你的身體完全放鬆，完全放鬆。你覺得溫暖而舒服，溫暖而舒服。當你越能夠應付和控制緊張和憂慮情緒的時候，你就越容易進入睡眠，舒服的睡眠。每晚，當你把頭放在枕頭上的時候，你會開始感覺舒服和放鬆，進入自然而舒服的睡眠。記住，在你躺在床上之後，進入睡覺之前，你要做深長而緩慢的呼吸，發揮想像力，想像你最喜歡的風景區，你陶醉在那裡……。每天晚上，你躺在枕頭上之後，你就會陶醉在那風景優美的地方，很快你就會進入自然而舒服的睡眠了。

現在，你覺得很舒服、很放鬆。不要想任何事情，只聽我說話，我的聲音，現在你的雙手和雙腿覺得沉重──你的雙手和雙腿覺得沉重──你正在放鬆，放鬆，你的整個身體在放鬆，深深的放鬆！你覺得自己正在向後退，後退入黑暗中，當你後退入黑暗中，你會更深更深的放鬆，更加更加的舒服，你正後退入黑暗中，正後退入黑暗中，你覺得更加更加的舒服，更深更深的放鬆。你只聽我的說話，只聽我的聲音，不要想任何事情，絕不要想任何事情，專心留意聽我說話，我的聲音，只聽我說話，只聽我的聲音，你覺得很舒服和很放鬆，很舒服和很放鬆。當你後退入黑暗中，你覺得想睡，昏昏想睡，昏昏想睡，非常的想睡。你不要想任何事情，只聽我的聲音，你覺得舒服和放鬆，很舒服和

很放鬆，你的呼吸深慢而有規則，有規則而深慢，呼吸深而慢，深而慢——呼吸有規則和深慢——你的睡眠正在加深，加深，更加深，更加深。當你後退入黑暗中，你的睡眠進入更深更深和更深的境界。你覺得舒服和放鬆，同時聽我的聲音，只聽我的聲音，你的呼吸深慢而有規則，深慢而有規則，睡眠更深更深——更深，更深睡眠——很舒服和很愉快，很寧靜和很平安的睡眠——進入很深很深的睡眠——你的呼吸深慢而有規則，深慢而有規則。你已進入很深很深的睡眠之中，很深很深的睡眠之中！

　　從現在起，你寧靜的一覺到天亮。當你早晨起來之後，一定可以精力充沛、心情愉悅的開始新的一天！

第十一章
用催眠啓示療法消除焦慮與憂鬱

　　焦慮與憂鬱來自於你的認知或感覺。在某種特定的情況下，你認爲有潛伏性的危險存在，正在威脅著你，使你產生焦慮或憂鬱，甚至出現恐懼的情緒以及一些相關的症狀。焦慮與憂鬱產生的原因很多，不論個人和家庭的因素、工作壓力與人際關係問題、感情困擾、對前途的黯淡感覺、失去自信與自尊心等，都會嚴重地影響你的身心。

　　消除焦慮與憂鬱的簡單方法，就是你先要知道自己是否有焦慮或憂鬱存在？許多人對身體的狀況很敏感，只要出現輕微的不舒服，立刻就會感覺到，馬上去看醫生或服藥調養。但是，對於認知所引起的焦慮、憂鬱情緒，卻經常會疏忽，不會及時的調適，等到身體出現狀況時，還否認自己有焦慮或憂鬱問題。你是否焦慮或憂鬱呢？只要回答下面的幾個問題，就可以幫助你了解自己是否有焦慮或憂鬱症。

你焦慮或憂鬱嗎？

　　請你回答下列問題，可以幫助你測驗是否焦慮。

1.你是否經常覺得對你的要求已達到了極限邊緣？

2.你是否經常擔心？

3.你是否容易憤怒以及受刺激？

4.你容易放鬆身心嗎？

（如果以上問題你具有兩項的話，請接著回答下面問題）

1.你是否睡眠不好？

2.你是否頸痛或背痛？

3.你有沒有下列任何症狀：顫抖、陣痛、暈眩、冒汗、頻尿、下痢。

4.你是否擔心自己的身體健康？

5.你是否有失眠的習慣？

請你回答下列問題，可以幫助你測驗是否有憂鬱。

1.你是否缺乏能量或不能振作精神？

2.你是否對事情失去興趣？

3.你是否自信心不夠？

4.你感覺失望嗎？

（如果以上問題你具有兩項的話，請接著回答下面問題）

1.你是否精神不易集中？

2.你是否因為食慾不佳而失去體重？

3.你是否太早睡醒？

4.你感覺動作或做事情緩慢嗎？

5.你是否覺得早晨的時候精神不振？

附註：

1.焦慮症：答案「是」或「有」者五題以上，可能患有焦慮

症。

　2.憂鬱症：答案「是」或「有」者三題以上，可能患有憂鬱
症。

焦慮症的主要症狀

心理方面	身體方面
焦慮	顫抖
恐懼	多汗
激動	心悸
害怕	暈眩
過度擔心	頻尿
失眠	胃腸膨脹
易怒	換氣過度
煩惱	筋骨與肌肉痛
強迫性	口乾
人格喪失	肌肉緊張
幻想	不易休息
恐懼症	昏厥
恐慌	胸痛、頭痛
性急	衰弱

　憂鬱症的症狀，在大多數病例中與焦慮症相似，兩者經常互
相關聯。典型的憂鬱症狀如下：

　　1.情緒低落，不易做決定

　　2.缺乏興趣，精神不易集中

　　3.罪惡感和無用感，身體出現症狀或疾病

　　4.體能衰弱，喪失食慾

　　5.疲憊，喪失性慾

　　6.睡眠容易驚醒，有自殺傾向

　　7.失眠

如何解除焦慮與憂鬱呢？

　　你要有效的解除焦慮與憂鬱，方法很簡單，首先必須回答下面的幾個問題。

問題一：我焦慮或憂鬱什麼？

問題二：我能夠處理焦慮或憂鬱嗎？

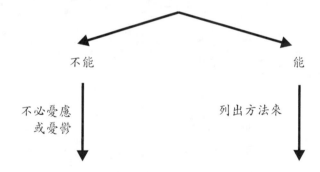

不能　　　　　　　　　　　　能

不必憂慮　　　　　　列出方法來
或憂鬱

問題三：我現在能夠開始嗎？

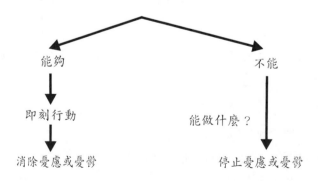

能夠　　　　　　　　　　不能

即刻行動　　　　　　　能做什麼？

消除憂慮或憂鬱　　　　停止憂慮或憂鬱

焦慮或憂鬱對你的影響

焦慮或憂鬱，無論對你的思想、行爲、情緒或身體健康方面，都會發生不良的影響。

1.思想方面

（1）使你不停的想會有困難或災難發生

（2）使你的精神分散，降低工作效力

（3）使你只專注自己的問題、影響決策及解決困難

（4）使你對任何事情都會不斷的擔心

（5）使你悲觀失望，並預測與恐懼不良後果將會發生

（6）使你的焦慮或憂鬱一個接一個的出現

2.行爲方面

（1）使你行爲過度小心或疏忽，阻礙你的表現

（2）使你過分的依靠他人

（3）使你失去自信心

3.情緒方面

（1）使你的情緒困擾與迷惑

（2）使你心理害怕和恐懼

（3）使你失去自制力

（4）使你有挫折和壓力

4.身體方面

引起你緊張、頭痛、失眠、疲乏、勞累、衰弱以及免疫力下降。

焦慮或憂鬱對你的作用

雖然，焦慮或憂鬱對你的思想、行爲、情緒或身體健康方面，都會發生不良的影響，但有時候也有它的用處：

1. 發出危險的信號，使你警覺；
2. 使你行動和注意安全；
3. 使你產生抵抗壓力的能力；
4. 激勵你積極正向的行爲。

一般常見的恐懼症

1. 懼怕小動物：如蜘蛛、蟑螂、飛蛾、蛇、老鼠、鳥、狗等。

2. 懼怕不安全的環境：如開車出去、家裡獨處或單獨出門、人多地方、空曠環境、搭乘公共汽車、飛機、輪船、地鐵、或火車等。

3. 懼怕狹窄閉塞空間：如電梯、電影院、戲院、會議室、洗澡間、擁擠壓迫地方等。

4. 懼怕社交活動：如遇見陌生人、在別人面前做事情如（寫字、說話、吃東西或打電話等）。

5. 懼怕患病或受傷：如看見血液、針頭、嘔吐物、醫院等。

6. 懼怕自然現象或災害：如雷擊、閃電、風暴、水火災、高處、黑暗、地震等。

恐懼的惡性循環

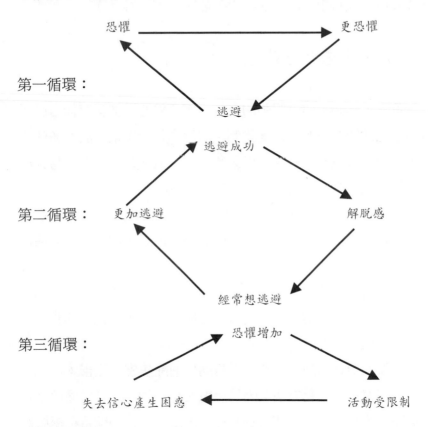

第一循環：

恐懼 ── → 更恐懼
逃避

第二循環：

逃避成功
更加逃避　　　　　解脫感
經常想逃避

第三循環：

恐懼增加
失去信心產生困惑 ← 活動受限制

恐慌的症狀

　　1.感覺方面：心悸、窒息、暈眩、冒汗、手足麻木、呼吸急促、氣喘、顫抖、惡心、感覺模糊、胸緊痛等。

　　2.行動方面：驚叫求助、圍繞家具或旁人走動、逃離環境、坐或躺著、停止一切活動、尋找安全處境等。

　　3.情緒方面：緊張、害怕、驚懼、慌張、恐怖等。

　　4.思想方面：擔心與恐懼將有事情發生，負面想法（如：我

快崩潰了、我心臟病要發作了、我快要死了、我失去了自制、我
快要發瘋、我將墮入陷阱、我再不能跳出來了等。）

有效消除焦慮與憂鬱

　　首先，你必須建立堅強的自信心與自尊心，並肯定你自己。
我們不能期待所有的人都愛我們。即便你是世上最香甜而多汁的
蘋果，願意奉獻給所有人，但必須記住，並非每一個人都喜歡蘋
果。如果他（她）不喜歡蘋果的話，你就必須選擇變成香蕉了。
但是，你必須明白，變成香蕉的話，那可能會是第二流的水果
了。但是，你仍然是世界上最好的蘋果！你必須體認到，即使你
變成香蕉，也還是會有人不喜歡。你可能想再嘗試變成最好的香
蕉，但那是不可能的，就算你已經是世界上最好的蘋果了。你要
做你自己啊！就是建立堅強的自信心與自尊心，並正面的肯定你
自己。
　　下面列舉15個簡單步驟，來幫助你消除焦慮與憂鬱：
　　1.練習身心放鬆方法：因爲焦慮與憂鬱的人，經常處於精神
情緒緊張的狀態，每天練習身心放鬆方法，可以消除這種緊張狀
態。
　　2.適當的運動：運動能夠使你的腦中樞神經系統分泌化學物
質（神經荷爾蒙）如血清素、腦內啡等，可以使你身心放鬆、心
情喜樂、減低或消除焦慮與憂鬱、幫助睡眠、調適痛覺與增進食
慾。
　　3.正面自我啓示：正面自我啓示替代負面想法，是自強的關
鍵，能使你發揮潛能、改變人生觀、指引你走向成功的人生道

路。

4.消除恐慌與懼怕情緒：焦慮與憂鬱的人經常伴隨著恐懼情緒，必須快速而有效的消除。請參考下面消除焦慮與憂鬱的講稿。

5.接受與表達內心的感覺：運用上述方法後，你的內心將會產生新的感覺，讓它表現出來。

6.發揮你高度豐富的想像力：想像力來自精神的中心，是智能、潛能的激發，靈感、希望的泉源。想像力也是調適壓力、消除焦慮與憂鬱情緒的關鍵，可以增強意志力和信心。積極正面的想像力在腦海裡出現優美的影像，可以引起人體一系列相關的反應，尤其內心情緒的良好變化。

7.調節食慾、注意營養、促進身體健康、引起內心良好情緒產生。

8.紓解緊張、舒暢心情

9.勇敢地面對問題、提出解決問題的方法

10.開始積極行動，不要讓負面想法拖你後退

11.建立堅強的自信心與自尊心，並正面的自我肯定

12.確定自己的人生目標與動機

13.依靠自己的努力，符合自己的需求

14.建立健康的思想，做出正確的行動

15.認真的期待自己改變

消除焦慮、緊張與恐懼講稿

（在深入催眠法講稿後使用）

以下的講稿可以根據自己的具體情況，選擇一種適合你的。在應用任何一種講稿之前，你必須先熟練身心放鬆的方法，隨時能夠放鬆身心之後，才能快而有效的消除焦慮、緊張與恐懼。

當你覺得焦慮、緊張與恐懼的時候，你需要很快的進入深深的放鬆和安寧睡眠的狀態（5）。首先，你把左手舉起放在眼睛上，好像遮住光線一樣，然後閉上你的眼睛——做七次深長而緩慢的呼吸（5）。當你把氣呼出去的時候，心裡對自己說：「平靜！」兩個字，重複又重複直到我叫你停止。好！——當你心裡說「安靜」這兩個字的時候，你立刻就會進入深深的安寧睡眠狀態（5）。你的焦慮會立刻消失——你的緊張會立刻消失——你的恐懼情緒也會立刻消失——（5）。然後，把你的手放下來——張開你的眼睛，你自己可以控制了，你的內心感到非常的平和、寧靜、舒暢並充滿信心與精力。

現在，再讓你自己輕輕的飄，慢慢的浮——又飄又浮，又浮又飄，更深和更深，你覺得很想睡覺，很想睡覺。讓你的身體深深下沉，深深下沉——整個身體深深的放鬆，完全的放鬆。深深的下沉，深深的下沉，你覺得安全而又很放鬆。現在，你可以警覺到你焦慮症狀的產生，只是你身體的一種自然反應而已。它自然而無害。這種症狀對你不重要，不重要。你擔心和害怕的焦慮症狀，正在消失，正在消失。你再不會害怕出現焦慮的症狀了——。它只是身體的一種自然反應，自然而無害。你可以接受這

自然而無害的症狀。你提醒自己，你現在是處在醫學安全的範圍之內。

　　從現在起，你要經常提醒自己，你焦慮和憂鬱症狀的出現，只是一種正常的身體反應而已，你處在醫學安全的範圍之內（停30秒）。無論出現任何的症狀，你知道它並不重要，同時你是處在醫學安全的範圍之內。現在，你正在消除焦慮的症狀和恐懼的心理情緒。你正在成長壯大和堅強，你充滿信心和自我肯定。你正在有效的控制著自己恐懼和焦慮的情緒。

　　當你感到恐慌和害怕的時候，你完全能夠放鬆整個身體，做深長而緩慢的呼吸。大量的空氣將深深地進入你的肺部，下沉丹田——直達腳底湧泉穴。做深深的腹部呼吸——使氣下沉丹田——氣灌湧泉，與血液結合循環全身。

　　從現在起，不論什麼時候你感到焦慮和憂鬱，只要你繼續做深長而緩慢的腹部呼吸——使氣下沉丹田——氣灌湧泉，與血液結合循環全身，你就能夠控制焦慮恐懼情緒，你的心情就會立刻平靜和安寧。再做一次深長而緩慢的腹部呼吸——使氣下沉丹田——氣灌湧泉，與血液結合循環全身。同時提醒你自己，你可以完全調節你的腹部呼吸。你可以完全放鬆整個身體。

　　當你焦慮和恐慌的時候，你可以檢查一下自己的整個身體，看看什麼部位出現緊張的狀態。首先，檢查你的肩膀和頸部，讓你的肩膀下沉和放鬆。再檢查你的下顎，讓你的下顎鬆弛，再鬆弛。再檢查你的額頭，讓你的額頭柔軟和放鬆，柔軟和放鬆。再檢查你的腹部，每做一次深長而緩慢的腹部呼吸，就讓你放鬆一次你的腹部和身體，隨著每一次深長而緩慢的呼吸，你就更深更深地放鬆你的腹部和整個身體。你可以放鬆自己身體任何緊張的

部位。當你感到焦慮驚慌的時候，你可以立刻測出並放鬆身體任何緊張的部位。你是你自己的主人，你完全具有控制的能力和知識，並且能夠有效地消除所有的焦慮和恐懼情緒。

現在，你非常的清楚，當你停止焦慮想法的時候，你恐慌的情緒很快就會消失，最多不會超過三分鐘。你可以安心和寧靜的等待它的消失。當你覺得焦慮時，你可以立刻停止恐慌的念頭或想法，在你的內心深處，大聲的叫出：「停止！停止！」焦慮的想法，你知道，這樣你恐慌的情緒很快就會消失了，最多不會超過三分鐘的時間。你在內心大叫「停止！」焦慮想法的時候，你恐慌的情緒很快就消失，消失得無影無蹤。當你停止焦慮想法的時候，恐慌的情緒也很快就會消失了。你是你自己的主人，你具有能力去釋放焦慮和恐慌的情緒。你的焦慮和恐慌的想法很快就消失，很快就消失（30）。

當你覺得焦慮、緊張和恐懼的時候，你需要很快的進入深深的放鬆和安寧睡眠的狀態（5）。首先，你把左手舉起放在眼睛上，好像遮住光線一樣，然後閉上你的眼睛──做七次深長和緩慢的呼吸（5）。當你把氣呼出去的時候，心裡對自己說：安靜──安靜──安靜──當你心裡說「安靜」這兩個字的時候，你立刻就會進入深深而安靜的睡眠狀態（5）。你的焦慮會立刻消失──你的憂鬱會立刻消失──你的緊張會立刻消失──你的恐懼會立刻消失（5）。然後，把你的手放下來──張開你的眼睛，你自己可以控制一切，內心感到十分平和、寧靜、舒服及充滿信心。

現在，你正在堅強，堅強──越來越有信心。你越來越堅強，越來越有信心，因為你已讓過去的感覺消失了。你再沒有任

何焦慮和恐懼了——。你充滿信心和希望，現在，你能夠控制和克服一切焦慮和恐懼的情緒與感覺。從現在起，當有任何焦慮和恐懼的情緒和感覺湧起之前，你可以做深長而緩慢的腹部呼吸，把氣下沉到丹田——氣灌湧泉和整個身體，三分鐘之內，你的任何焦慮和恐懼的情緒就會消失，而且消失得無影無蹤。你知道，你具有強大的力量，可以有效的消除壓力和控制一切消極情緒——你感到身心放鬆、平靜和安寧。等一會，你將會回復到完全覺醒的狀態，同時充滿著力量、信心和希望——。（接喚醒法講稿）

第十二章
特別催眠啓示療法講稿

　　以下是多種不同的特別催眠啓示療法講稿，爲了配合講課內容，有些講稿在前面的章節中曾經說明過。這裡再介紹，是爲了方便讀者參考應用，它可以有效的解決許多不同的問題。你可以根據具體情況，加以修飾、運用。你也可以將它錄音，製成特別催眠錄音帶供自己或別人應用。

1.對癌症病人講稿（在身心放鬆法講稿後使用）

　　可以激起癌症病人堅強的求生意志，對癌症的治療與康復有很大的幫助。講稿如下：

　　從現在起，你體內的免疫系統將會發出強大的力量，去抵抗癌細胞的生長——現在，我要你發揮想像力——想像長癌的部位，看見它慢慢的變爲透明——你看透皮膚——看透血管——看透骨骼——看見那些癌細胞——想像你的白血球和體細胞大量集合在一起，發出強大的力量——想像它們正在包圍和攻擊癌細胞的生長——想像它們包圍和攻擊癌細胞——一直到消滅它們爲止——永遠的消滅——但保留正常的細胞。同時你的白血球和體細

胞不斷增強——放射線療法和化學藥物治療等，又是一股強大的抗癌力量，它們結合在一起去襲擊和消滅不正常的癌細胞——但保留著周圍的正常細胞不受到傷害——。

你身體內的免疫抗體將會迅速增長——去繼續襲擊和消滅殘餘的癌細胞——同時不會傷害到周圍的正常細胞和組織。你身體內所有的防衛功能，將會積極行動起來——去幫助襲擊和消滅一切不正常的癌細胞——。所有的血液，將會停止供應給癌細胞，加速癌細胞的死亡。

現在，你的潛意識會很清楚的知道，哪些是癌細胞，以及長癌的正確部位——哪些是正常的細胞——你的潛意識將會停止供應血液給癌細胞，但只供應給正常的細胞——同時，你的潛意識會樂意接受所有的治療方法，包括化學療法、放射線療法和手術療法等，使這些治療能夠消滅不正常的癌細胞生長——但保留著所有正常的組織細胞不受到傷害——。

在接受放射線治療的同時，你血液內的氧氣也會同時增加——去幫助放射線快速的到達癌細胞，在治療後就立刻停止提供氧給癌細胞，使癌細胞因缺氧而死亡——。

現在，你的潛意識，你的免疫系統，你的血液和氧氣將結合在一起，產生強大的力量，加上所有的醫學療法，去包圍和消滅你體內所有的癌細胞——同時，保留正常的組織和細胞不受到一點傷害。

從現在起，你具有強大的信心和力量，能夠消滅癌細胞——你一定要相信你自己的潛意識力量，它將會指揮你體內免疫系統的強大機能——去消滅那些癌細胞——。你一定要相信，發揮你的潛意識和醒意識的力量，能夠幫助和增強一切醫學治療效果

——你的潛意識能夠正確的發現和測定患癌部位，而停止供應血液給癌細胞——使它因缺氧而死亡——但卻不會對正常的細胞產生不良影響——。從現在起，你潛意識和醒意識的意志力會結合在一起——共同去戰鬥和消滅癌細胞——你覺得身體一天一天的強壯——一天一天的康復——你充滿著強大的信心和力量，你再也不會感覺到失望、悲傷和痛苦了。

現在，發揮你的想像力——強大的想像力——你的潛意識會發揮出無限的力量，指導所有的正常細胞去包圍和消滅那些癌細胞——同時，動員所有的白血球和體細胞，所有的免疫系統和防衛功能——結合一切有效療法——停止供應血液和氧氣給癌細胞——但不會對正常的細胞產生不良影響——。

從現在起，你的免疫系統會很敏感，對於癌細胞會立刻識別，同時立刻完全的消滅它們——你會感到內心十分寧靜，你絕對要相信自己的意志力和信心，一定能夠戰勝癌症。

2.促進手術後康復講稿（在身心放鬆法講稿後使用）

在手術之前，許多病人往往會擔心、害怕，因而影響手術的安全與術後的康復，所以幫助病人在手術前做好心理準備，促進病人手術後迅速康復是很重要的。講稿如下：

現在，我要教你在手術之前，如何做身心放鬆和自我催眠啓示，使你能夠安寧而鎮定的接受和應付手術，並且配合醫生的治療，加速你的康復。同時，使你的身體在手術前後都有良好的反應。

現在，請你發揮想像力，鮮明的想像——想像你正睡在一塊

安全和舒服的鬆軟海綿墊上，你的整個身體躺在上面——，輕輕的飄起——輕輕的浮起——又飄又浮——讓它向下飄——向下飄——非常的安全，你的整個身體也非常的放鬆——你越向下飄，你就越感到舒服和放鬆。你越感到舒服和放鬆，你就會越平靜和安寧。

現在，我要你發揮想像力，鮮明的想像以下的事情：你已經住進醫院裡了，你的外科醫生和你在討論動手術的問題。醫生的手術非常成功。在住院療養期間，你可以幫助自己快速康復。同時，使你自己更配合醫生的治療。

現在，有兩種方法可以幫助你做到這點：

第一：我要你把注意力集中在動手術的過程，發揮想像力，想像你的身體鬆軟和麻木——鬆軟和麻木——。你是在有經驗的醫生和護士細心的觀察、照顧下，你可以安心的放鬆自己的身體。想像在手術過程中，你身體的手術部位，不會感到疼痛。你身體的保衛系統會經常保持覺醒。這個保衛系統，保持你的傷口乾燥、清潔和防止感染；同時可以減少出血、消除不舒服的感覺，以及迅速癒合和康復。在手術過程中，你的保護系統會和醫生合作，順利完成手術。

第二：我要你把注意力集中在術後的身體復原方面，也就是說在康復的期間。集中你的意志力，讓你的血壓很快回復到正常的狀態。發揮你的想像力，想像你正在覺得飢餓和口渴，以及要上廁所。想像你的身體，正在逐漸的恢復到健康的境界——你很想去四周活動活動。

你在住院療養期間，要發揮想像力——想像你的身體迅速康復。現在，我要你想像你的身體已經康復了，有能力去做你想做

的事情，不論做任何事情，你都不會有憂慮和傷害，你身體已經
康復了。你不會再煩惱擔心而影響你的日常生活了。

　　現在，你深深的放鬆整個身體，很寧靜、很舒服的放鬆——
你的呼吸深長而緩慢，而且有規則，深長而緩慢以及有規則。從
現在起，大約一分鐘的時間，你暫時不會聽到我說話，我的聲
音，你專心進入深深的、舒服的放鬆，寧靜和平安的睡眠境界。
等一會兒，我會教你自己覺醒起來，同時，我的話會深深的刻在
你腦裡。

　　在我未教你如何覺醒之前，你要記住兩種練習方法。第一，
就是在手術進行過程中，你的身體有良好的感覺反應。第二，就
是在手術後，你的身體感覺到快速的康復。在手術之前，你要練
習前面我告訴你的兩種方法。在手術之後，你要想像身體正在迅
速康復。記住，第一，你要把注意力高度集中在手術的過程中，
想像著你的身體鬆軟和麻木——鬆軟和麻木——你知道，你是在
有經驗的醫生和護士細心的觀照下，你可以安心的放鬆身體。在
手術過程中，手術的部位不會感覺到傷痛，你的保衛系統會保持
著覺醒。這個保衛系統保持著你的傷口乾燥、清潔和防止感染。
同時，可以減少出血、消除不舒服的感覺，並促進迅速癒合和康
復。在手術過程中，你的保護系統會和醫生合作，順利的完成手
術。第二，你要把注意力高度的集中在手術之後的身體復原方
面，就是在康復的期間。集中你的意志力，在快速恢復身體功能
方面，發揮你的想像力，想像你的血壓很快回復到正常的狀態。
發揮你的想像力，想像你正覺得飢餓和口渴，以及要上廁所。想
像你的身體正逐漸的恢復到健康的境界——你很想去四周活動活
動等。

現在，我教你如何喚醒自己。當你想醒來的時候，只要心裡從4倒數到1，你就會慢慢的醒來。你開始倒數4的時候，你移動你的雙腳和雙腿——倒數3的時候，你移動你的雙手和雙手臂——倒數2的時候，移動你的頭和頸——倒數1的時候，張開你的眼睛。你感到清新、寧靜，並充滿著精力。

3.消除對動物恐懼症講稿（在身心放鬆法講稿後使用）

現在，發揮你的想像力，想像你正站在籠子的前面，要鮮明如生的想像，想像籠子裡面裝著你害怕的動物——你用眼睛看著它。現在，做深長而緩慢的呼吸，心裡對自己說：「放鬆」兩個字——同時放鬆你的整個身體，深深的放鬆。

現在，想像那關在籠裡的動物距離你的面前約五公尺遠——放鬆你的身體——做深長而緩慢的呼吸。鮮明如生的想像——你用眼睛看著它們。現在，心裡對自己說「放鬆」兩個字，做深長而緩慢的呼吸——放鬆你的整個身體，深深的放鬆。

現在，想像那關在籠裡的動物距離你的面前約四公尺遠——放鬆你的身體——做深長而緩慢的呼吸。鮮明如生的想像——你用眼睛看著它們。現在，心裡對自己說「放鬆」兩個字，做深長而緩慢的呼吸——放鬆你的整個身體，深深的放鬆。

現在，你慢慢的走向前——你再進一步的走向前，接近那關在籠裡的動物，它距離你只有一公尺了——放鬆你的身體——做深長而緩慢的呼吸。鮮明如生的想像——你用眼睛看著它們。現在，心裡對自己說「放鬆」兩個字，做深長而緩慢的呼吸——放鬆你的整個身體，深深的放鬆。

　　你再想像動物園裡的管理員，他的手裡很安全的握著那個動物，撫摸著那個動物，他站在你的眼前——你放鬆身體——做深長而緩慢的呼吸。鮮明如生的想像——你用眼睛看著它們。現在，心裡對自己說「放鬆」兩個字，做深長而緩慢的呼吸——放鬆你的整個身體，深深的放鬆。你很鎮定的看著它。

　　現在，你走到鐵籠的旁邊，看著關在鐵籠裡面的動物——放鬆和鎮定，那沒有什麼好恐懼的——它們安全的關在籠裡。放鬆身體，正常的呼吸——。

　　現在，用你的手觸摸籠子的外面——放鬆你的身體——深長而緩慢的呼吸，放鬆與鎮定。你的恐懼已經消失了——你的呼吸緩慢而有規則——緩慢而有規則——放鬆與鎮定。

　　從現在起，不論什麼時候，當你再看見那個動物的時候，你再也不會恐懼了。

4.控制高血壓講稿

（在身心放鬆法講稿後使用，注意括弧中的數字表示停頓秒數）

　　你已經深深放鬆你的外在身體——現在，我要你放鬆你的內在身體，就是你的神經系統和你的內心——放鬆你的內心和神經系統，再向你的內在深處放鬆。做深長而緩慢的呼吸——你覺得昏昏想睡，你的身體覺得沉重和溫暖——放鬆你的內在器官，放慢你的心跳和放鬆你的血管，放慢你的血液流過你的動脈和靜脈血管。

　　你知道，在你的腦神經中樞裡，有一個血壓控制中心，裡面有一個調節器，可以調節你的血壓——你的潛意識，可以影響這

個調節器（5）。從現在起，它會設立一個低而安全的正常血壓範圍——很快你的潛意識會知道對你最好的和最安全的血壓標準數。記住，很快你的血壓就會降低，降低到安全的、以及最適宜你的血壓範圍。

從現在起，你將會逐漸的改變你的生活方式和人生態度——你會懂得休息和娛樂，你會放鬆身心，沒有緊張和焦慮，內心平靜和安寧（5）。你會努力的工作，你也要正當娛樂和社交活動，不要過度的強求自己、給自己很大的壓力——你每天都要練習身心放鬆法和腹部呼吸法——同時，要經常告訴你自己，在你的腦神經中樞裡，有一個血壓控制中心，在裡面有一個調節器，可以調節你的血壓——你的潛意識可以影響這個調節器（10）。從現在起，它會設立一個低而安全的正常血壓標準——很快你的潛意識會知道，對你最好的和最安全的血壓標準範圍。記住，很快你的血壓就會降低，下降到低而安全的，以及最適宜你的血壓範圍。你會將你的優先計畫安排得更好，更快、更有效率的處理事情，同時讓你自己有更多的休閒時間。你這樣做，生命將會充滿著歡樂和幸福，你也更會珍惜生命的價值和意義。

5.增強學習注意力和記憶力講稿一
（在深入催眠法講稿後使用）

現在，我要教你如何增強你的注意力，去做更好的學習。以前你的注意力不容易集中，是因為沒有人教過你如何做。現在，我將告訴你怎樣正確地去集中你的注意力。

請你發揮想像力，想像你坐在書桌的前面，書桌上放著你學

習的一切資料。想像你用雙手按住耳朵，同時閉上眼睛——現在，所有嘈雜的聲音和分心的事物已經消失了。當你看到將要學習的資料時，你就會集中注意力，越來越集中注意力。你的呼吸深長而緩慢，正常而有規則。

當你覺得分心的事物已經不存在了，做七次深長而緩慢的呼吸。想像你的手放在身體的兩旁，你的眼睛是張開的，你開始將全部注意力放在面前的學習資料上——。你可以隨時移動你的雙腳或雙手，甚至變換座椅的位置，你的注意力和集中力仍然會高度保持。如果你受到任何干擾而分心的話，你可以用身心放鬆的方法，放鬆你的身體，舒暢你的心情，你會學習得更好。現在，你的注意力和集中力將會增強，能夠長時間的學習而不覺得疲勞，更容易吸收知識。

現在，想像你的頭腦好像一個海綿。你的頭腦吸收知識，猶如海綿吸水一樣，吸入你的腦裡，在你的腦裡刻印著不可磨滅的知識，同時，你可以在任何時候，召喚回你的記憶。從此，你的學習和記憶能力將會增強，讀書將會事半功倍！

當你進入深深的、更深的放鬆的時候，你的精神會更加的集中，你對增強學習力和記憶力的啓示——很容易接受。你要知道，記憶力的關鍵在於留意和儲存。你要留意一切有用的知識，努力記住它。你要想記住任何東西，首先必須去留意它。當你能夠集中精神和注意力，去想、去看、去聯繫一起，你的記憶力自然就會增強了。

首先，你要把所有的資料，存放在你的記憶銀行裡，然後再召喚回記憶。從現在開始，你具有良好的記憶力，你要懂得如何去運用它。從現在起，你要專心的去學習一切必要學習的東西。

你的記憶銀行正好像普通的銀行一樣。你不需要強迫自己從記憶銀行裡提取記憶。你要做的很簡單，只要集中注意力，深深的放鬆身心，所有你儲存需要的資料，就會自然而然的從你的潛意識裡浮現出來。

為了召喚回你的記憶，很簡單的方法，就是你要與你的潛意識溝通，讓潛意識知道你真正需要的是什麼，任何你需要的資料就會自然的湧現出來了。如果它沒有立刻湧現出來，你不需要強迫它，也不需要焦急。等一會兒，你需要的資料，就會自然的從你的潛意識裡湧現出來了。

同時，從現在起，每個晚上你都要專心用功地學習一段時間。沒有任何事情能夠干擾你。如果別人進入你的學習房間，你要很禮貌的請他們離開——。每當你開始學習的時候，你的心情就會很快集中和抓住要點，學習過的知識將會深刻在你的腦海裡，永不磨滅。當你將來需要的時候，可以很快的召喚回記憶。

從現在起，你要養成每天晚上至少學習三小時的良好習慣。你的思考力和理解力將會大大的加強，你吸收知識的能力也會大大的增加。你的思想敏捷，很容易集中精神和注意力在學習方面。這樣，你會有很大的興趣去學習，同時更容易也更快的記住，永不會磨滅。現在，你不但能夠記住所學過的東西，而且還能夠很容易的召喚回記憶。（接喚醒講稿）

6.增強記憶力和專心學習講稿二
（在深入催眠法講稿後使用）

從現在起，你會很愉快的感覺到你的記憶力增強——你所學

過的任何東西，都將會深深的刻在你的記憶裡——長久留存在你記憶裡——你的頭腦會越來越容易記住所有學過的東西——你的記憶力會很清楚很牢固，你的學習效力和速度也會大大加強與增進，你解答問題會十分快速和準確——。

現在，你的閱讀能力和速度將會大大的增強，理解力也會大大的增強——同時，你可以立刻從記憶裡召喚回所有學過的任何知識。

記住！從現在起，你比過去有耐力和專心學習，你會很容易記住所有學過的知識——而且會長久的保留在你的記憶裡——當你需要的時候，它會立刻浮現出來。

現在，你會驚奇的發現，你的學習興趣大大增加——在上課時能夠專心聽講——不會被其他的事情干擾與分心——胡思亂想的念頭將會消失——你覺得學習是一種享受——你求知的動機不斷加強，你將會專心學習和做功課，也能將考試應付得很好。從現在起，你會發現讀書和學習越來越容易，越來越輕鬆了。你面臨考試一點也不會感到緊張，你可以立刻而清楚的召喚回你的記憶力，你所有學過的知識會立刻浮現在眼前。

從現在起，你可以維持長時間的學習，而不會感到太疲勞——你會有良好的睡眠，第二天早晨起來充滿精力和信心。

7.成功的應付考試講稿（在深入催眠法講稿後使用）

從現在起，你會發現面對考試不會緊張和害怕——當你參加考試之前，做七次深長而緩慢的呼吸——你立刻就會鎮定和平靜——能夠控制情緒——身心放鬆——頭腦清楚的回答問題——你

將會努力學習——成功地應付考試——你學習得越多，你準備得越好，你就會越有信心，越鎮定、越容易地應付考試——你所學過的知識會立刻從記憶裡出現。

記住！你如果能夠越放鬆、平靜、自信以及鎮定，你的考試成績就會越滿意。

你進入考場，當你開始閱讀考試卷的時候——你的身心會完全的放鬆、平靜和安寧——你的神經緊張會完全消失。當你第一眼看試卷的時候，不論問題多麼困難——或你知道的不多——你也不會焦急、心情不安——你會發現問題並沒有你想像中的那樣難以回答。

首先，你要小心審慎地閱讀問題——看看哪個問題你能夠做最好的回答，開始盡量完全而正確的回答它，直到你答完為止——你暫時不要擔心其他比較難的問題——你的記憶力會立刻湧現，這樣順序的回答問題，你將發現你真正的記憶力，會比你想像中的要強得多了。

當你很容易準確地答完了第一題後——再選擇容易回答的第二題——這樣順序地下去，逐一回答所剩下來的問題，直到你滿意或時間完畢為止。

8.年齡後退催眠法講稿一（後退到已知年齡）

參見頁117，年齡後退催眠法講稿一。

9.年齡後退催眠法講稿二（以架橋樑法後退）

參見頁118，年齡後退催眠法講稿二。

10.年齡後退催眠法講稿三（透過電視螢光幕法）

參見頁120，年齡後退催眠法講稿三。

11.控制與消除慢性痛講稿
（在深入催眠法講稿後使用）

當你進一步深深的放鬆，更深深放鬆的時候——請把你的注意力放在你身體不舒服或痛覺的部位上面（指出身體痛的部位如「你的肩膀」、「你的腰部」等）。現在，你察覺到痛的部位，想像它正在變涼——放鬆——和康復。你完全放鬆痛覺周圍的肌肉和神經，使痛覺消失。雖然，痛覺不容易立刻消失，但你會發現它一天一天的減輕。當你更深更深放鬆的時候，你的痛覺會迅速減輕和消除，恢復正常的功能，你的身體感到非常舒服。你察覺到痛的部位，正在變涼、鬆弛和康復，你的痛覺正在迅速消除，恢復正常的功能，你的身體感到非常舒服。讓你的不舒服和痛覺從（指出身體部位）流走，如河水一樣流走。現在，想像那涼快的感覺，好像冷水流過你的（指出痛覺部位），將你的不舒服和痛覺流走，完全流走，永不回頭。現在，舒緩和放鬆這個部位，舒緩和放鬆這個部位，現在，你開始感到痛覺減輕和消除，

痛的部位正在放鬆，緩和舒服以及活動自如了。你的（指出身體部位）感覺正常與康復，放鬆舒服並且活動自如了。從現在起，你的潛意識將會保持（指出身體部位）放鬆、康復以及活動自如，再沒有緊張與壓力的感覺了。

在任何時候，如果你覺得身體不舒服或有痛感，就閉上你的眼睛，做深長而緩慢的呼吸，同時，心裡對自己說「放鬆！」這兩個字，直到你舒服為止，這樣，你的痛覺就會減輕和消失，你會感覺到非常的舒服，非常的平靜與安寧。

12. 手套式麻醉止痛講稿（在深入催眠法講稿後使用）

這個方法先讓你的一隻手變成冰涼，然後去觸摸痛覺的部位，以達到止痛目的。講稿如下：

讓所有的感覺從你的右手消失。你的右手將不會有任何的感覺——想像你的右手正在變得痠麻——好像進入睡眠狀態一樣。你的手越來越痠麻——失去了所有的感覺。

當我繼續和你說話的時候，你的右手開始變涼，變涼——變得更涼——好像你放在冰裡一樣。

發揮你的想像力，想像你的手放在冰塊裡面——你的手覺得冰涼、冰涼，愈來愈冰涼，更加的痠麻，痠麻而且失去了感應力。

現在，你的右手變得很冰涼，很冰涼——你的手正在失去所有的感覺。很快的你將不會有任何感應。

等一下，我會慢慢的從1數到3——，當我數到3的時候，你的右手將完全沒有痛的感覺——你的右手完全沒有痛的感覺。

1，──正在失去痛的感覺。2，──現在你的右手很痠麻──沒有任何的感覺──好像睡覺一樣。3，──你的右手完全麻木──冰涼──失去感覺──你完全不能夠感到有任何的痛覺。

現在，用你的右手去接觸身體有痛覺的部位。你這樣做的時候，所有的冰涼和痠麻感會從你的右手，轉移到身體有痛覺的部位，痛覺就會消失。現在就開始做──痛覺的部位變得舒服了。

等一會，你的右手會恢復到正常的狀態。你的右手正在開始變暖──變暖──同時，痠麻感正在消失──現在右手已經恢復正常了，好像你的左手一樣。

你右手的所有感覺已經恢復正常了──你可以正常感應到任何東西了──好像你的左手一樣。但是，冰涼和痠麻的感覺，將會停留在你右手所接觸過、身體有痛的部位，使你身體的修復功能發揮作用，使你覺得非常舒服，直到痛覺完全消失為止。

13.消除頭痛講稿（在深入催眠法講稿後使用）

今天，是你重要的一天──因為它是你有生以來的第一天。我說你有生以來的第一天，是指你沒有頭痛的一天，因為從今天起，你將會感覺到很大的變化，就是你不再會出現平常頭痛的模式，並且再也不會有頭痛了。

現在開始，你的頭痛將開始減輕，同時頭痛的時間正在縮短──直到消失為止──。當你對自己越來越有信心，你再也不會擔心和害怕頭痛了，頭痛一定會消失，因為你有能力控制它，不會讓它影響你的日常生活。如果你不刻意去注意它，就不會感覺到頭痛。

　　我相信，你經常問自己為什麼會頭痛。我要告訴你的是，你不是一生下來就有頭痛的。可能是長期養成的一種不良習慣所致，因為你經常緊張不安和焦急憂慮。好或壞的習慣是後天養成的，既是後天養成的，你就可以消除它。你有頭痛的不好習慣，現在你用不會頭痛的好習慣來替代它。不過，要改變任何的習慣都要有決心和意志力，你是具有這種潛力的。

　　頭痛並不是一種疾病，只是一種警告信號或症狀，表示你的身體發生了問題。問題的起因可能是環境造成，或你沒有能力去應付工作和日常生活的變化，或是你生病了。換句話說，如果頭痛不是疾病所引起，如果你能夠控制情緒的話，你將不會有頭痛。如果頭痛是疾病所引起，你必須去看醫生，接受治療。

　　在將來，如果你開始覺得頭痛的時候，不論是真實的或想像的，你將會很快的察覺到。這是第一步驟，你也踏上有效消除頭痛的一半路程了。當你頭痛時，你會將頭痛拋到九霄雲外，立刻放鬆疼痛的部位，你會像現在這樣舒服和安寧。你這種消除痛覺的能力，很快就變成自動化功能了。

　　在一天之中，當你頭痛的時候，你會很快的覺察到，立刻做深長而緩慢的呼吸，放鬆疼痛的部位，你的頭痛就會減輕和消失。當你焦急地等候人或事情的時候、失望的時候、被別人批評的時候、被別人拒絕的時候、在交通阻塞或等候紅綠燈的時候，可能都會引起你的頭痛。你要學會在這些環境中，很快的放鬆自己，讓你自己平靜和安寧。你會很高興的發現，你已經改變了，你再也不會埋怨和厭惡、緊張與焦慮了。你正在成長與成熟，你的自信心一天一天的增強，你的頭痛將會消失。

　　當你晚上躺在床上，進入睡眠之前，你做深長而緩慢的呼

吸，讓自己進入深深的放鬆和安寧的狀態，告訴你自己不需要帶著煩惱和憂慮上床睡覺。你知道，床是休息、睡眠和恢復體力的地方。你不必擔心被頭痛干擾而驚醒，你會安寧的一覺到天亮。當你醒來的時候，你會感覺到身心清新，舒服、平靜、安寧和健康。

　　不論任何時候或環境，如果你覺得會出現頭痛——立刻停止你的工作，安靜的坐下來——做深長而緩慢的呼吸，讓你自己進入深深的放鬆和安寧的狀態，同時，在心裡告訴你自己「放鬆！平靜！安寧！」很快你的頭痛就會消失了。（接喚醒法講稿）

14.消除敏感講稿（在深入催眠法講稿後使用）

　　如果你的身體能夠一天一天的深深放鬆——你將不會感到緊張——即使你面對敏感質（指出敏感質是什麼）的存在也一樣。你可以安全的應付——甚至不會發生輕度的不舒服或敏感反應。因此，你會非常的放鬆——非常的鎮定，不要驚慌，必須平靜、安寧以及自信——這樣，你會自動將這種感覺轉移到身體的每一個部位，使你不會受到敏感質的影響。

　　從現在起，你的神經系統將會一天一天的強壯起來。你的心理也會一天一天的堅強，不會想到（敏感質）對你的影響及反應，你的醒意識也會更少注意到（敏感質）對你的影響。每一天——，你都會情緒平靜和安寧——不容易受干擾和刺激。每一天——你都會覺得身心健康——安全而舒服，不會受到（敏感質）所影響。

　　當你更深的、更深的放鬆的時候——並且保持放鬆狀態——

你會一天一天越來越不緊張──你會更加有信心和力量──釋放與解除對（敏感質）的影響反應。我告訴你的這些事情，一定能夠使你有效的消除敏感反應──你的身心將會更加的舒服和愉快──你的精神煥發與樂觀──緊張、壓力以及焦慮會愈來愈少。

從現在起，你不會對（敏感質）有反應了。你再也不會受（敏感質）影響了。你永遠都不會再敏感了！

15.消除氣喘講稿（在深入催眠法講稿後使用）

現在，你再深深的放鬆，更深更深的放鬆──我要你從20倒數到1。每數一個數目的時候，我要你深深的吸氣，同時用力緊緊地握住你的拳頭。當你呼氣出去的時候，放鬆你的拳頭。每天做這樣的練習三次。

現在，你的氣喘症狀正在消失。不論任何時間和地點，你覺得氣喘將要發生的時候──，你就立刻做七次深長而緩慢的呼吸──，同時在心裡對自己說「放鬆！放鬆！」直到氣喘緩和為止。然後，開始結合你手握拳頭的動作──就是當你深深吸氣的時候，同時用力緊緊的握住你的拳頭。當你呼氣出去的時候，放鬆你的拳頭。你這樣做，將會幫助你控制氣喘的發生──甚至氣喘已經發生了，其症狀也會大大的減輕。

現在，深深的放鬆，深深的放鬆──。（接喚醒法講稿）

16.消除口吃講稿（在深入催眠法講稿後使用）

你繼續深深的放鬆，深深的放鬆──。現在你注意，只要你

能夠自然地說出第一句話來，你就會很容易繼續說話而且沒有口吃了。

　　當你說話時，盡量面對聽者。猶如你在打電話時對談一樣，想像你是直接與他（她）對話。

　　發揮你的想像力──想像你是在對著物體說話，你沒有緊張，沒有猶疑不決，沒有口吃。從現在起，每天當你自己一個人的時候，你至少要練習大聲的、慢慢的說話15分鐘──這樣，你就會逐漸消除口吃了。

　　你知道，當你在單獨的房間，大聲地對自己說話的時候，你能夠舒適而正確地說出來。事實上，你有能力，你也能夠很恰當、很自然、很舒暢地說出話來。你口吃，只是在你神經緊張時、激動時以及要快速說話時發生。在將來，你完全能夠自我控制，很自然、很舒暢的說出話來，沒有任何困難。當你唱歌的時候，你不會口吃，這是因為你唱歌的時候有韻律、有節奏。說話也一樣，從現在起，你要每天練習說話有韻律和節奏。你可以用手指彈著桌子，同時說：「1，2，3，4，我會很自然、很舒暢的說出話來。」你說每一句話，就彈動一下你的手指，你會發現你能夠很容易而正確的說出話來，你就不會有任何口吃問題了。

　　經過幾天的練習之後，你很快就會忘記引起你口吃的原因，並且發現你自己說話，就像你的朋友一樣正常和流暢。你說話流利順暢的能力，一定會一天天的增強，你會感覺非常的高興。

（接喚醒法講稿）

17.消除關節炎講稿（在深入催眠法講稿後使用）

你的整個手臂正在放鬆，深深的放鬆──。你的手肘和手指感到非常的舒服和溫暖。當你更深更深地放鬆的時候，你的整個雙手將會感覺到從來沒有過的舒服和溫暖。

你的身體功能將會更加增強，你的血液和組織液將把你體內的廢物或不清潔的東西帶走，排除到體外去，同時清理乾淨積累在關節裡的障礙物。現在，你的雙手感覺到舒服和溫暖，如果你還有不舒服的地方，也將會很容易的轉移到上手臂以上的部位，使你手肘和手指感覺到非常舒服和溫暖。你可以隨時這樣做，而得到舒服和溫暖的感覺。

從現在起，每一次當你移動手臂時，你的關節滑潤劑就會分泌出來，使你感覺到更舒服和溫暖。每一次當你移動你的手臂時，你會感覺到你的關節炎正在逐漸改善和康復，手指的力量也在增強。每一次當你移動你的手臂時，你會注意到你的關節炎正在康復。關節炎的症狀正在消失！（接喚醒法講稿）

18.克服小孩尿床的習慣講稿
（在深入催眠法講稿後使用）

現在，你已經進入深深的睡眠──，你正在一天一天的成長和強壯，越來越強壯──你會更加的鎮定和安寧──不容易激動──不容易神經緊張──不容易紊亂。

從現在起，每一天你都會充滿信心──有能力支持自己──

不會有任何的擔心、煩惱和憂慮。

當你用手按摩和鼓動你的小腹的時候——小腹就會產生一種溫暖的感覺——現在，你的小腹正越來越溫暖。每當你按摩和鼓動一次小腹的時候，小腹就會產生一種溫暖的感覺——越來越溫暖。你繼續做下去，溫暖的感覺就會下降到膀胱的部位——當你膀胱部位感覺到溫暖的時候——膀胱會變得強壯起來——越來越強壯，它能夠整個夜晚盛裝著尿液——所以，你在早上起床的時候，你的睡床是乾燥的。再結合適當的運動以及其他的治療，你膀胱的承受力就越來越增強——。

現在，你要特別注意在睡覺之前不要喝水。同時，記住上床前，要上廁所把尿排乾淨。你不需要擔心晚上是否會尿床——如果你越少擔心或不擔心，你的睡床就會保持乾燥。

從現在起，你每晚都會有良好而舒服的睡眠——同時，你會感覺得到，當你膀胱充滿尿液的時候，你會起來上廁所排乾淨。回到睡床以後，你會很快的再進入舒服的睡眠——當你早上起床的時候，你的睡床乾乾的。

在白天，如果你覺得想上廁所排尿，我要你盡量的忍耐——直到你實在不能忍耐的時候才去廁所排尿——你這樣不斷的鍛鍊自己，將會使你的膀胱能夠在夜裡也能夠長時間忍耐——等到天亮排尿——你再也不會尿床了。

在白天，不論你什麼時候想上廁所排尿的時候，我要你練習膀胱的控制排尿能力，當膀胱充滿尿液時，盡量忍耐一會兒然後才排尿，在未排尿完畢之前，又忍耐並停止排尿一會兒——然後再開始排尿——再忍耐並停止排尿一會兒——然後完全排乾淨。當你膀胱的控制排尿能力增強的時候，你就會徹底的改掉尿床習

慣了。（接喚醒法講稿）

19. 消除女性的性冷感講稿
（在深入催眠法講稿後使用）

你繼續深深的放鬆，再深深的放鬆——。當你進入極度平靜和安寧狀態的時候——你要這樣的啟示自己：「我正在愉快的享受著性生活。在性生活過程中，我能夠完全的放鬆和開放，不壓抑自己的情緒。我會越來越容易激動，越來越放鬆與享受這種正常的性生活。」

現在，你的性冷感正在消失——正在消失。你的伴侶是一個很溫和體貼的男性，也許他有時候會不滿意或批評，這可能與他早年性格訓練和成長有關。你會容忍他的態度、忽視他的批評，這樣你反而發現你的苦惱和激怒情緒可以旋轉而出，就好像鴨子抖乾身上的水一樣。

現在，你正在建立起自我增強的能力，不會受到煩惱和擔心所影響。這樣，你的性生活將恢復正常的功能，自然正常的功能。性生活的藝術，並不只是一種動作，而是兩者之間的和諧與協調，也是感情的共融，你能感覺到愛與被愛。愉快與舒暢的感覺來自兩者的合作與關懷。你要知道，性生活是自然而正常的行為，因此享受性生活也是正常而且自然的。（接喚醒法講稿）

20.消除男性陽痿早洩講稿

（在深入催眠法講稿後使用）

　　你再繼續深深的放鬆，深深的放鬆——。當你進入極度寧靜狀態的時候——你要這樣啓示自己：「當每次進行性行爲時候，我都會很容易放鬆，而且非常有信心——我越來越容易享受和激動，越來越能夠放鬆身心，同時能夠容易的、長久的保持陰莖的勃起。」

　　從現在起，你會享受每一次的性行爲，也更能獲得愉快與滿足。在每一次性行爲的過程中，你會完全的放鬆和開放，不緊張也不壓制自己的情緒。你的陽痿或早洩正在消失——正在消失。

　　當你做愛的時候，你要放鬆和自然，不要緊張、不要焦急。你的心情會很寧靜，充滿了信心、希望和愉快的感覺，你的行動也就會正常而自然了。

　　現在，你正在建立起自我增強的能力，不會被緊張、煩惱和擔心所影響。這樣，你的性能力將恢復正常，自然而正常的功能。性生活的藝術，並不只是一種動作，而是兩者的和諧與協調，也是感情的共融，你能感覺到愛與被愛。愉快和舒暢來自兩者的合作與關懷。你要知道，性是自然而正常的行爲，因此享受性生活也是正常而且自然的。（接喚醒法講稿）

21.消除雞眼講稿（在深入催眠法講稿後使用）

　　你再繼續深深的放鬆，再深深的放鬆——。現在，你的身體

具有強大的免疫功能，能夠消滅雞眼病毒和消除雞眼。把你的注意力放在皮膚有雞眼的部位，用你的手指撞擊它。當你的手撞擊著雞眼時，很快你就會感覺到有一股熱流通過你的手，到達有雞眼的部位，流向這個部位的血液大大增加，帶著更多的抗體和白血球去消滅雞眼病毒，同時也帶著大量營養和氧氣去幫助新的皮膚組織生長。當你的手指不斷的撞擊雞眼部位時，你將感覺到熱流增強，而且全部都集中在雞眼上面。雞眼部位的熱感超過你手上的其他部位。雞眼開始被刺痛——熱與刺痛感越來越增強，雞眼慢慢的變小——萎縮——扁平——逐漸的消失——消失，不會留下任何一點疤痕。現在，你的自然癒合功能能夠使皮膚完全康復，不會留下一點疤痕。

現在，你的雞眼正在消失——而且永遠消失了。（接喚醒法講稿）

22.消除看牙恐懼講稿（在深入催眠法講稿後使用）

從現在起，你會覺得越來越鎮定和安寧——，你看牙醫時經常會出現的不舒服和恐懼感將會消失。

現在，請你發揮想像力——想像你非常的放鬆、非常安寧地走進牙醫診所治療你的蛀牙——牙醫把你的蛀牙鑽掉，然後填補好——你不會害怕機器轉動的聲音——你會越來越鎮定和安寧——平靜的接受牙醫注射麻醉藥——很快牙床就會變麻——你將會無痛的接受任何治療。同時，你的身體也會分泌自然止痛的化學物質——你將不會感覺到不舒服或疼痛，出血很少，也不會腫脹——治療之後你的口腔，很快就會恢復正常感覺了。

　　現在，想像你正坐在牙醫診所的治療椅上，張開著嘴巴讓牙醫做治療──深深的放鬆你的身體，鎮定和安寧──，想像你最喜歡最美麗的地方──或者感覺最快樂的事情──過去看牙醫不舒服的所有經驗或害怕──將會消失──完全消失。（接喚醒法講稿）

23. 催眠兒童講稿（在睡覺前進行）

　　現在，我要你閉上眼睛，發揮你的想像力，想像現在是禮拜六，你在家裡看電視──，看你自己喜歡的節目。現在，請你打開電視機，選擇你喜歡的電視台──再選擇你喜歡的節目──（停3分鐘）。好，你已經看很久了，節目也結束了，你的眼睛開始疲勞──你的身體也開始疲累了（5）。

　　現在，我開始從20倒數到0，你就會很快入睡，深深的入睡──。20，──19──18──當我倒數到0的時候，你就會入睡，進入非常舒服的睡眠，同時有很美好的夢──。

　　17──16──15──現在你開始深深的吸一口氣，通過你的鼻孔，然後慢慢的從鼻孔呼出去──再做一次深深的呼吸──繼續的做下去──深深的，深深的吸氣，通過你的鼻孔，慢慢的，慢慢的從鼻孔呼出去──。

　　14──13──12──你覺得很舒服，很放鬆──同時注意聽我說話，我的聲音──你的雙手和雙腳覺得沉重──你的雙手和雙腳覺得沉重──。

　　11──10──9──你覺得很想睡覺，越來越想睡覺──你昏昏想睡──昏昏想睡──你覺得溫緩和舒服──你正在放鬆，

放鬆——你的整個身體在放鬆，深深的放鬆！你會覺得自己正在往後退，後退入黑暗中——你會更深的更深的放鬆——更加的更加的舒服。你正在後退入黑暗中，你覺得更加更加的舒服——更深更深的放鬆——。現在，你沒有任何顧慮，沒有任何擔心和害怕——當你進入深深的睡眠後，你將會有很多非常美好的夢——在這些美好的夢中，你可以克服和解決很多很多的難題，這些難題再也不會困擾你了——這些美夢將帶給你美好的時光和感覺，你會有充分的信心，很成功地完成你的功課——你會很自信地準備和應付考試——你將會繼續這樣的美夢——保持這樣美好的感覺——很久很久——在你醒來之後，還會保持——很久很久。你將發現這樣美好的感覺，使你容易解決和處理每天面對的難題——不論是大問題或小問題——你都會充滿信心，很容易而且很快的應付和解決曾經困擾過你的問題——那些曾經傷害你的事情，再不能傷害你了——你將會堅強，充滿信心、力量和勇氣，那些曾經傷害你或使你不愉快的事情，再也不能傷害你了——或使你不愉快了——它們就像你身上的洗澡水一樣，你已經用毛巾抹乾淨了——。

　　8——7——6——你將會發現，以後你不論面對考試或功課的時候，你的頭腦都會非常的清楚，你會充滿信心，也能放鬆自己——當你面對考試的時候，你不會緊張，你會考得很好——你的思考力會很快而且很清楚，你會立刻召回記憶力——所有學過的知識立刻出現在腦海裡——你再不會擔心和害怕考試了——。同時，你上課時會非常專心的聽講——你會很用功讀書——你會覺得讀書是一件愉快的事情——你越來越專心在課堂裡聽課——你也越來越專心在家裡做功課——同時，當你在課堂裡回答老師

的問題，或面對同學演講（說話）的時候，你會很鎮定和很自然
——不緊張和害怕，你的信心會一天一天的增強——（可以加插
入其他有益啓示）。

　　2——1——0——，你進入睡眠，深深的睡眠——深深的睡
眠——很深很深的睡眠——很快你就會做夢，很美好的夢——。
從現在起，你不會聽到我說話，我的聲音，你專心的進入深深的
睡眠——寧靜的睡眠，舒服的睡眠——進入美好的夢境——。

　　好，從現在起，好好的睡覺，安寧的睡覺，舒服的睡覺
——，直到天亮。早晨，當你醒來的時候，你會覺得非常的舒
服，非常的安寧，而且充滿堅強的信心和力量！

24.增強自尊心講稿（在深入催眠法講稿後使用）

　　現在，我要你想像在你的面前，放著一個大黑板，黑板上寫
了許多你過去感覺不舒服的事情，這些事情曾經把你拖下來，使
你跌倒，掩蓋你美好、良善與堅強的內在素質。現在，你詳細的
看看黑板上的每一籤條——，你的手裡拿著一塊黑板擦，用力地
擦去每一籤條，直到完全消失為止。現在，它們對你已經完全沒
有意義了。現在，黑板上已經空白，你可以自由寫字了，用寫字
來描述你自己。你寫上信心——決心——力量——自尊——重要
——能力——技能等字眼。現在再寫其他美好的字句描述你自己
——。看看這些字句——。

　　現在，開始想像你自己的形象，你挺直腰桿站立著，感到自
豪與驕傲。你非常好，不論舉止、儀態、思想與行動等都非常
好，這些素質使你成為一個值得讚美的人。想像你充滿了精力與

信心，體驗到一個全新的你，使你能夠達到目標與理想。現在你正面的想像自己，正面的啟示自己：你有智慧和聰敏，也富有創造能力。別人會把你當成一個好朋友，視你為一個勤勉工作的人，行為與性格良好的人。你看自己，則是一個進取、品德修養高尚的人。真實地去想像，你現在正在跟同事、上司或屬下說話。看看你自己，確實有信心，非常的有信心，有智慧，有能力，有才幹，有良好舉止和儀態，善與人交際，說話文雅禮貌，讓人有興趣傾聽，對你會十分尊重，覺得你是一個優秀的人才。繼續正面想像你自己，你是個誠實與守信的人。你面對問題時的思想態度，是正面的、肯定的，「我能夠處理好」、「我會做好，我能夠做好，我必須做好」、「我有能力、有信心」、「我可以解決這個難題」等。你確實有能力、有智慧、有信心、有動機做好一切事情。你能夠善待自己，能夠善待自己，你再不會也沒有時間去想負面的事情或感覺，你的腦海裡將充滿正面的想法與目標，你的人生目標將會實現，生命將閃耀出迷人的光彩！

25.激發出成功的潛能動機講稿

（在深入催眠法講稿後使用）

現在，我要你發揮想像力，想像沒有任何東西可以阻礙你達成你的人生目標。想像那美好的一天，那是一切事情都順利的日子，一切事情都在你的掌握與控制之中。你感到非常的滿意、平安與寧靜。在你自己創造的美好境界中，你的內心感覺到舒暢、安全。現在，你想像要再擴展你的空間。想像你正在移開你面前的障礙物，你以前自己造成的障礙物，它曾經阻擋你向前邁進。

現在，你面前已展現寬闊的水平面，擴大你的視野，擴大你的目標與理想，向前大步地邁進。你的目標與理想越來越高，你對新的目標與理想充滿了信心與力量，你感覺心情舒暢、寧靜與平安。你已建立新的正面人生觀以及新的自我，突破了自己的限制範圍，走向成功的人生路程。

現在，想像這個特別美好的日子，並且把它放置在未來，一天或兩天，一星期，一個月，以後更長的歲月裡，想像你已經解決了許多困擾，許多難題，困擾與難題已經遠離了，消失得無影無蹤了。想像笑容湧現在你的臉上，你感覺平安、寧靜、舒暢和充實，你找到解決問題的方法，你已經解決了問題或困擾。現在，你已經解除了過去的束縛與負擔，你滿懷信心、決心和力量。

現在，你再想像出一個要完成的目標，或描繪出一個你將實現的願景。你的目標和願景是（插入目標和願景）。現在，你自己把小的目標暫時放在一邊，集中精力在主要的目標上。你看見你正在完成主要的目標。你看見新的機會，新的挑戰，新的興趣，你發現自己具有新的能量、潛力、朝氣及熱情，你意志高度堅定與集中，充滿了正面的觀念及想法，你是一個有成有就的人。你達到了你的目標與理想（列出目標與理想）。想像你自己有價值的生命，你達到目標，你實現理想，不但對你有很大的好處，同時對你的家人、朋友或同事都有很大的好處。當你繼續向前邁進，不斷地發揮出生命潛能的時候，成功的事業就會展現在你的眼前。

現在，想像你自己是一個成功的人！你內心快樂，你樂意幫助別人，你的成功是他人的榜樣。你會感覺到你付出的努力，是

該當獲得成就的，看見你的成就！你的頭腦清楚與敏捷，你是個
聰明而有智慧的人，具有創造性的人，令人羨慕與稱讚的人。不
論你面臨許多的選擇，或不少的問題，你都會做出正確而明智的
決定。每一個選擇，每一個前進方向，你都會準確地把握著！

　　現在，清楚地看見你自己，並想像在不久的將來，你將會有
很多正面的方向需要選擇，把這些想像呈現在你的眼前，看見你
自己具有堅定的信心與力量，你描繪出應該如何妥善的解決問
題，如何奔向成功的道路。你知道，你能夠繼續不斷的獲得成
就，能夠繼續不斷地做出正確的抉擇，使生命具有目的和意義，
放射出耀眼的光芒！

第十三章
如何消除災難創傷後的壓力症候群

　　根據世界衛生組織（WHO）統計，1900－1988年之間，全世界約350萬人死於颶風襲擊，2600萬人死於地震、水災、旋風等自然災害。1976年，中國唐山大地震死亡65萬5千人；1988年，雲南大地震死亡43萬多人、11萬多人無家可歸。在台灣，1999年9月21日的大地震，損失也相當嚴重，據報導約2340人死亡。這些自然災害，不僅造成大量的傷亡率，而且嚴重影響存活人的身心健康。因為喪失親人的創痛、房屋毀損而無家可歸，或自身遭受傷殘等，往往會引起災難後壓力症候群（Post Traumatic Stress Disorders，簡稱 PTSD）。此外，災難救護人員例如醫生、護士、警察、消防員、義務救助人員等，也都會產生災難後壓力症狀群。在心理方面的症狀，會出現悲傷、壓抑、憂慮、恐懼、不斷重現災難陰影、逃避、自責、攻擊以及生活調適困難等等。在身體方面的症狀，以地震後而言，身體會產生顫抖、高度敏感、心悸、頭暈、眼睛疲勞、食慾減退以及精神衰竭等現象。

小孩遭受災難創傷後的共同反應

1.不敢單獨睡覺，要與父母睡在一起才覺得安全。

2.害怕回憶或提起災難的事情，如地震後，害怕強烈聲響或感覺建築物搖動（如當汽車經過的時候）。

3.害怕父母不在身邊，經常黏著父母。

4.經常感覺頭痛和身體痛等。

5.出現年齡後退現象，如吸吮手指、尿床、說話如嬰兒等。

6.好玩有侵略性或災難性遊戲。

7.對災難的認知混亂，不知道其後果意義。

8.對死亡憂慮或困擾。

9.不能集中精神讀書與學習。

10.擔心父母或朋友的安全。

11.不論做事情與否，都會有羞恥或罪惡感。

12.擔心長大以後的前途問題。

13.擔心父母不知道如何應付災難。

第一次世界大戰後，醫學界發現戰後復原的士兵產生戰後壓力症候群，當時稱為「炸彈驚魂症」（Shell Shock），雖然戰爭結束了，但他們仍然覺得自己處在戰場上，感到特別恐懼。直到1980年，PTSD 這個名詞才正式載入精神醫學字典裡。

自第一次世界大戰後，醫學界不僅發現經歷戰爭的士兵有PTSD 症狀，而且遭受強姦者、自然災難受難者（如火災、地震、水災等）遭受恐嚇者、嚴重病痛者、喪失親人者、意外事件受難者（如車禍、輪船和飛機失事）以及被搶劫的受傷者等，都

會產生 PTSD 症狀。甚至有些人只是目睹災難的發生，也會產生 PTSD 症狀。很多遭受創痛和災難的人，他們不但沒有積極尋求幫助去消除災難後壓力症候群，反而退入自我建造的圍牆內躲藏起來，不能調適生活與面對現實，變成情緒性自閉症。根據醫學調查報告，經歷嚴重災難後，約有60％的人會產生精神問題，這些人當中，在半年後自殺傾向增加6倍，焦慮憂鬱症增加3倍，少數人甚至產生精神分裂症狀。

災難創傷後的壓力症候群實例

1.一位澳洲年輕的軍中衛生救護員羅勃・路卡斯（ Rob Lucas ），1995年被派遣前往非洲盧安達參加聯合國軍隊，負責救濟難民工作。在那裡，他面對著無法想像的人類災難慘景：約有15萬難民，大部分是婦女、小孩和老人，他們擠在面積很小的難民營區，住在簡陋的帳篷裡，缺乏食物、飲水和衛生設備。胡圖族（ Hutu ）軍隊殺害了大批難民後，再混藏在難民營區裡，由於聯合國軍隊要嚴格檢查難民營，這些胡圖族軍人知道遲早會曝露身分，就在半夜裡乘機用斧頭和大刀，殘殺了大批飢餓而手無寸鐵的婦女和小孩，並挾持難民當人質逃跑。路卡斯負責救護倒在血泊中的傷者，發現許多婦女和小孩被砍斷手腳，甚至頭頸，景況非常淒慘與恐怖，當他正在救護一位婦女時，凶狠的胡圖族軍人拿起大刀向他砍來，他迅速躲開，沒有用手槍還擊，怕會影響澳洲與聯合國軍隊名譽，於是，他用手抱住這個凶狠殺手，與他角力，最後用殺手自己的刀把他殺死。

胡圖族軍人繼續大量屠殺難民達3、4天之久，約有上千難民

死亡。聯合國軍隊很快地安置難民回家後，就關閉了難民營。不久路卡斯回到澳洲，但盧安達難民營的慘景一幕一幕的在他的腦裡閃過，在他的醒意識裡，每天都充滿了血腥味和難民的飢餓面孔。他的日常生活開始發生變化，經常失眠，半夜被惡夢驚醒，恐怖悲慘的難民營景況難以磨滅。他的婚姻首先發生了問題，他精神憂鬱，必須住在軍中醫院治療。他的病狀就是典型的災難後壓力症候群。

2. 葛瑞・富蘇（Dr. Gary Fulcher）是我工作的醫院（Westmead Hospital）同事，他是燒傷部門的首席心理治療專家，專門負責治療災難後壓力症候群。非常不幸，在1997年的一次車禍中，他被夾在燃燒的車廂內，身體被燒傷達50％，屬於第三度燒傷。大部分人燒傷到這種程度都會死亡，但由於他深深了解災難後創痛經驗，加上堅強的意志力，他終於活下來了，雖然他喪失了十個手指，大部分的身體也覆蓋著人工植皮傷疤。燒傷部門曾經一度是自己工作的地方，現在自己卻變成了病人。開始的時候，他雖然有過幻覺，也不斷閃現痛苦記憶，但他沒有發生災難後壓力症候群，因為他應用一種特別療法，即以「眼睛移動」來重歷災難境況，消除了災難的條件恐怖回憶（EMDR，後面將會詳細介紹）。

3. 艾莉森（Alison）是個12歲小女孩，放學後趕乘火車回家。正當她跳上火車時，火車已慢慢地開動，她看到一位老人從火車上摔下來，目睹了老人的頭被壓碎斷裂的悲慘情景。她十分恐懼地哭著回家。

幾天後，鐵路輔導部門介紹她去特別門診接受輔導。她已經幾天不上學了，因為她恐懼搭乘火車會發生危險。父母必須每天

開車送她上學，這增添了父母的麻煩。從此，她從一個非常自信、獨立的女孩，變成了害怕、膽怯，處處依附父母的小孩。晚上她要睡在媽媽的身邊，才會感到安全。她腦海裡經常重現恐怖的斷頭影像，影像還會移動並跟她說話。她曾經努力嘗試從醒意識中消除這種影像與記憶，但沒有成功。從此，她避免搭火車上學。她開始失眠，不能夠集中精神讀書，對周圍的環境非常敏感，時刻擔心會有任何危險發生，並且非常容易受到驚嚇。

　　不久，她轉變為對那位老人憤怒，她認為老人是自殺，既然想自殺為什麼要讓她看見。事實上，經過調查發現，老人下火車時衣服被車門夾住，才被拖倒壓在車輪下。這純屬意外事件。但進退兩難的是，究竟要告訴艾莉森那只是一樁意外事件，使她害怕乘火車會有危險？還是讓她繼續認為是老人自殺呢？最後治療師決定告訴她事實的真相。很幸運，經過幾次輔導後，她慢慢的恢復了正常。

　　4.莎拉（Sarah），20多歲，在一次車禍中發生多部位骨折，需要經過一段時期住院治療。事實上，她在車禍中受傷很嚴重，因為右腿殘廢了，出院後走路十分困難，必須依靠拐杖輔助。她不能正常的上班，被迫在家裡休養一段時間。她開始失望、挫折、悲傷與痛苦，經常重現車禍的陰影和記憶，尤其當她看到電視新聞中有關車禍的報導時，更加焦慮、恐懼與痛苦。她很害怕獨自一個人走在馬路上，擔心會再發生嚴重的車禍，同時還擔心別人問及她的車禍事件。她晚上不能睡覺，總覺得生命沒有目的和意義。在未發生車禍前，她是一位非常成功的電腦專業人士，負責管理數百部電腦作業，同時又是一位合格的法律代書，性格開放、活潑，經常參加各種社交活動，具有雄心壯志，

計畫發展自己的事業，對前途充滿樂觀與信心。但發生車禍後，變得沉默寡言，意志消沉，常做惡夢，經常有自殺念頭出現。她很了解自己的人格變化，曾經努力用各種方法來改變自己，後來她去教會聽道，把自己的命運交託給天主，祈禱天主賜給她力量與智慧，讓她能夠平安的活下去。結果，她度過了生命的難關。

在自然災難後，有些人喪失了親人與財產，甚至自己身體的一部分，或者無家可歸，遭受到嚴重的災難創痛，經過政府與社會的幫助，在一段時間的輔導與安撫之後，受難者之間能夠相互支持，慢慢調適與度過，不久就恢復了正常，身心沒有受到嚴重的影響。這是什麼原因呢？因為我們正常的腦中樞神經系統功能，可以幫助我們解除災難後壓力，紓緩創傷情緒反應。但不少人經歷災難後卻無法平靜，頭腦裡經常閃現災難的恐怖畫面，以及無法彌補的心靈創痛。這些人需要心理調適！前面曾經說明過，由於科學儀器的進步與神經科學研究的高度發展，已從腦神經功能層面，揭開了人腦活動之謎。現在這裡再強調一次，以更加融會貫通。

人腦神經中樞對災難與創傷的反應

1.人體具有自然反應機能──搏鬥或逃跑，這是人類生存、適應自然災害、維持身心健康的重要機能。這個反應機能開始於人體丘腦下部，當危險的訊息通過腦視覺或觸覺皮質，傳遞到下丘腦時，我們的身體立刻產生一系列的化學反應，使我們能夠直覺的應付，不是與之搏鬥，就是避開危險。在一般情形之下，如果面對的危險過後，身體內副交感神經系統就開始作用，人的身

體會在半小時內進入放鬆狀態，並且漸漸的恢復正常功能。譬如，人如果感應到地震時，就會直覺地逃離屋子，跑到外面安全的空地去，這種危機反應功能對我們的生存非常重要，但長期開啓這個機制，對我們的身心健康將會造成嚴重損害，尤其當威脅和危險已經不存在，我們不能適當的關閉與控制它的時候，就會產生災難後壓力症候群。

2.腦神經學家已證實人在面臨災難危險時，腦部會發生變化：人腦裡有一個重要部位稱爲「邊緣系統」，在這個系統中有兩個主要部位直接對壓力與危險產生反應：（a）杏仁核：它直接與視覺皮質相連，處理原發的事件。譬如我們在看見一條蛇橫在面前，或一輛汽車迎面衝來時，能夠立刻產生直覺反應而避開危險。因爲杏仁核能在千分之一秒內，將訊息波動透過交感神經傳遞到腎上腺，刺激腎上腺髓質和皮質立刻分泌抗壓力荷爾蒙（腎上腺素和可體松），引起身體產生一系列的化學反應。（b）海馬回：它是我們學習、儲存經驗和記憶的系統，使我們能判斷是非善惡，引起情緒反應。它對於可體松的反應相當敏感，立刻會使我們的認知功能高度警覺，動員體內的全部系統來應付威脅。同時，訊息會刺激下丘腦和鄰近部位分泌神經荷爾蒙或神經傳導物質，如血清素、腦內啡、正腎上腺素等，能夠幫助我們應付危險，消除緊張、壓力、焦慮、恐懼與創傷情緒，減輕痛覺，增強身體免疫力。我們會頓時力量驚人，具有超人的能力，做到平時我們不能做到的事情，甚至成爲英雄。但是，如果這種高度警覺性維持長期下去，則可能會引起心臟病或中風。

如果災難過後，我們的認知系統仍然感到災難陰影存在，並時常閃現出災難的記憶，將會使可體松長期分泌和維持高濃度狀

態，不斷刺激海馬部位，使我們的腦中樞神經長期維持高度警覺性和亢奮張力，引起神經質症狀。我們開始忘記事情，記憶力減退，不能有效的學習，也不能適當的處理日常生活。英國劍橋大學赫伯博士（Dr. Joe Herbert）實驗指出，這種高度警覺性和亢奮張力，會直接影響腦神經荷爾蒙血清素的平衡，使人產生壓力、憂鬱症以及嚴重的災難後壓力症後群，這會凍結我們的心理和精神活動，不能思考分辨災難是否已經過去。海馬部位儲存的災難記憶栩栩如生，讓杏仁核誤認爲是原發事件，因此產生直覺反應，致使痛苦創傷情緒一次又一次地重現，並困擾著受害者，引起反覆的憂鬱和恐懼。

如何診斷與治療

根據美國精神科醫師學會的《標準診斷手冊》第三修正版（*The Diagnostic and Statistical Manual of Mental Disorder DSM - III*, 1980）指出，災難後壓力症候群會出現下列現象：（1）在思想、記憶、想像和行爲上，不斷持續重現災難經驗或陰影。（2）對有關災難的刺激反應麻木或逃避。（3）對災難或象徵災難的事件，產生高度警覺性以及驚慌反應等。

一般來說，人類精神問題的發生，如果是基於生理因素，如腦部有病變，或腦化學物質、神經荷爾蒙不平衡等所引起，那是屬於眞正生理疾病。這些人不能對生命的逆境做正常的調適。因爲他們的生理機能不能幫助他們做出合理的反應，必須依靠別人爲他們做決定。但是，如果精神問題的發生是心理因素所引起，病因是在頭腦的想法。既然是頭腦的想法，它就可以克服與消

除，繼續正常的生活。

　　越早開始輔導和治療越好，可以防止產生慢性的病理反應，以及災難後壓力症候群。首先，必須透過緊急的人力救助，根據身心健康的需要，做出適當的安撫與輔導，這是消除壓力強而有力的方法之一。

　　如果病人已嚴重失眠，則會降低應付與抵抗壓力的能力，必要時可服用鎮靜劑。但不要服用抗憂鬱或焦慮藥來消除悲痛與創傷，更不能喝酒來消除壓力，對少部分人可能會有副作用，例如產生自殺意念。藥物治療可以暫時的減低焦慮憂鬱或恐懼，但並非長期有效的療法。在初病期，要勸告病人不要開車與操作機械，或做其他需要高度警覺性的工作，以避免分散注意力和集中力。

幾種有效的治療方法

　　1.認知行為療法（Cognitive Behavioural Therapy）：解除條件反射原理。條件反射是前面所提的諾貝爾獎得主蘇聯生理學家巴夫洛夫所發現。不正常的行為能使其精神產生混亂，既然這是後天學來的行為模式，因此我們就可以解除這種行為模式。

　　1900年前，愛比克泰德（Epictetus）提出一個很正確的看法：「人們不但被事情所干擾，而且還被對事情的看法或觀點所影響。」，在25年前被艾理斯（Albert Ellis）和貝克（Aaron Becke）發展成一種心理治療方法——稱為認知療法。認知療法基於三個原理：

　　（1）要了解你所「選擇」的觀點對你的情緒是具有嚴重影

響的：我們說「選擇」兩個字，是因為你的觀點在一定的程度上，是屬於自己選擇的。這就是愛比克泰德的觀點。

（2）要了解情緒與思想如何相互關聯：如果能夠改變其中的一個，同時也能夠改變另一個。

（3）要學習如何運用思想和信念來對你發揮作用：認知療法可以改善與促進你的情緒，它所以能夠如此，並不是直接對你的情緒發生作用，而是直接對你的思想發生作用。改變你的想法，就可以改善與促進你的情緒。因此，首先你要問自己一個問題：我是否還有其他的觀點與角度看問題？

首先，你要問自己的問題是：①問題發生當時，我的想法如何？②現在，我的想法如何？③這些災難事情對我的意義如何？④災難處境或後果對我有何影響？

我們知道，災難後壓力症候群的發生，是因為受災難的人不能調整適應災難後的情緒與感覺，不容易立刻消除災難的創痛回憶。如果你經常回憶或提起災難事件，會使你聯想到災難時的情景而產生極度的恐懼。這使你非常痛苦，因此，大部分人都嘗試著把恐懼與痛苦的經驗拋到一邊，讓它像風一樣消失得無影無蹤。其他的人也可能幫助你，叫你不要談起或想起這些事情。但很遺憾的是，故意的忽視或逃避不理災難的事件，並不能使它的陰影消失，痛苦的回憶經常會湧現，或者以惡夢及想像性的恐懼方式閃現。

因此，我們要以積極正面的態度來處理，在這個治療過程中，將會幫助你重新體驗災難時的情景，使你逐步適應並減輕恐懼程度，有效地減少災難的回憶或恐懼。這種認知行為治療方式，是促使人腦有能力分辨真實事件與回憶的不同，包括痛苦創

傷、害怕恐懼、焦慮憂鬱等情緒，你自己想出或說出有關災難發
生的事件，不會引起你的恐懼與影響你的生活。

　　基於這個原理，我們應該這樣做：①要使恐懼的回憶重現。
②提出新意念、想法或資料去解釋真實事件與回憶不同，以消除
恐懼的情緒狀態。這種治療可應用集體方式進行。在治療前，必
須這樣告訴治療對象：

　　等一下，在身心放鬆之後，我要你回憶所有的災難創痛。最
好你能夠閉上眼睛，不要讓任何外在事情干擾。這樣，你的心情
才能夠感覺到災難的真實情景。我要你盡量的回憶，越栩栩如生
的影像式回憶越好，就是要重新「體驗」。請你不要用過去式的
語氣說明災難的情形，我要你用現在式的語氣描述它，感覺到猶
如現在發生一樣。我要你閉上眼睛，並詳細的告訴我災難是如何
發生的。讓我們一起感受它。如果你開始覺得不舒服，要避開你
想像中的情景，我會幫助你繼續保持想像下去。同時也可以錄音
下來，讓你帶回家自己聽聽。每一次，當你重新體驗災難的發生
時，我要你告訴我你的恐懼程度，從0－100，「0」表示你沒有
恐懼或不舒服，「100」則表示你非常的恐懼。請你要很快的回
答，不要讓你的影像消退。

　　在治療時，最好用60分鐘時間來做體驗。如果用15分鐘的時
間來讓對象重新體驗災難的話，治療師必須要求對象重複4次。
如果用20分鐘的話，則要重複3次等等。當對象「體驗」災難
時，下面的話將幫助與勉勵他，「你做得很好，一直保持這樣的
想像」；「你做得很好，有時需要勇氣來這樣做，儘管你有點害
怕」；「我知道，你這樣做很困難。但你做得非常好，繼續保持
體驗下去。你現在十分的安全。讓你自己感覺很安全，讓你的不

安感覺消除」等等。同時問對象「你的感覺如何？」，「你有什麼想法？」，「你是否體驗到任何的身體反應？請你詳細說明。」，「你身體感覺如何？」，「你看見什麼？聞到什麼？做什麼？」，「你身體哪一部分有感覺？」等。經過60分鐘後，要求對象張開眼睛，並做數次深深的呼吸。

在身心放鬆的狀態下，使受害者重複顯露災難恐懼的影像與記憶，栩栩如生的真實體驗災難情境，看到的、聽到的、感覺到的、聞到的等所產生的情緒反應，猶如現在發生一樣，然後每次逐漸降低其恐懼程度，直到完全消除。

這裡，要特別注意的是，如果過度曝露與強調回憶災難的情景，有些病人會出現更恐懼的現象。

2．重整療法（Eye Movement Desensitization and Reprocessing, EMDR）：是由敏感性遞減法（Systematic Desensitization，順序系統性的解除條件反射）發展而來的一種較新的有效療法（Shapiro，1989），對於治療不能調適的認知性恐懼症很有效。首先要練習深度肌肉放鬆、腹部呼吸和身心放鬆方法。然後讓病人的眼睛跟隨著治療師手指的快速移動，通過眼球的快速移動，以強烈的認知和視覺化的想像力，顯示出災難時的影像，再以高度的意念集中及身體的警覺性，來描述災難的經過，接著努力消除災難的陰影。如此不斷的重複，從輕度到深度，直到病人不再感到恐懼為止，在繼續眼睛移動的同時，指導病人對災難建立正面的想法。

3.催眠療法：是消除壓力與恐懼的有效方法之一。

4.信仰療法：在心理學和精神病學尚未創立，醫學也尚未成為科學之前，就已經有治療師以此療法來治療傷痛與疾病。有時

用草藥並結合礦物質來增強療效，有時則以宗教儀式來治療。信仰祈禱治療可以發揮人的內在潛能，產生強大的治癒力量。現代醫學也開始重視所謂「神聖醫學」。從靈性層面治療遭受災難與創痛者的時候，首先要求他對宗教具有強烈的信心，承認自身的軟弱、沒有能力克服災難與痛苦，必須祈求超然的力量（神佛／天主上帝）幫助，賜給自己信心和力量，認識生命的真正目的和意義。

消除災難後壓力症候群的方法

1.以力量對抗傷痛

　　承認自身的軟弱，祈求超然力量的幫助與恩賜，使我們獲得新的生命力量。

　　這個步驟，首先我們要了解自身的弱點和災難後的症狀。例如，覺得生命失去了意義、自我懷疑與羞恥、難以控制的憤怒、反覆重現災難回憶或惡夢、夜半驚醒、失眠、恐懼……等等，甚至傷害自己和他人。

　　作為一個災難的受害者，我們知道要保護自己不再受到傷害，但經常都沒有很好的效果，甚至自我傷害，包括孤獨、麻木、逃避、攻擊、報復或辱罵他人等。很不幸的是，這種做法往往會繼續讓自己受傷害。我們可以用下面的方法來防止和消除繼續受傷害：

　　（1）認知：首先承認自己沒有能力，無法控制災難後的症狀，對來自破壞性的外力，不能適當保護或防衛自己的生命，或不能夠控制自己對生命的破壞性。

（2）尋找：尋找超然力量的幫助，或機構團體及別人的幫助。

（3）屈服與託付：把我們自己的破壞性屈服於神佛威能之下。

（4）行動：以實際行動請求他人、神佛或機構團體的幫助。

祈禱文：神啊（視個人信仰做調整），我自己沒有力量去克服和消除災難後的創痛症狀，請您幫助我認識與接受自身的軟弱，讓我知道要從何處開始改變自己。祈求您賜給我智慧與力量去實際行動！

2.尋找生命的意義

我們要相信超然的力量一定勝過我們自己的能力，它能夠幫助我們尋找到生命的真正意義。

首先要我們理解遭受災難後，我們喪失親人或財產，自己卻幸運尚能生存的意義。可以想像得到，這是一件很難理解的事情，但是我們可以與別人一起尋找和分享經驗，接受他們的支持，聆聽與思考他人可能已從災難中尋找到了生命意義的經驗。我們可以從下面方法中找到生命的意義：

（1）認知：我們要承認，喪失親戚或朋友的生命之後，很難去接受與面對災難所造成的後果，不容易從災難中尋找到生命的意義。

（2）尋找：尋找並依靠超然的力量並接受別人的指導，去尋找生命的意義。

（3）屈服與託付：我們要把悲觀、失望、惶惑、無意義與

目的的生命屈服於超然力量。

　　（4）行動：從智慧超然的神佛獲得力量與信心，從朋友以及輔導治療人員中尋求答案，同時聆聽災難中生存者的經驗，學習他們如何從創痛中尋找到生命的意義。

　　祈禱文：神啊，請您幫助我明白，爲什麼我能夠在災難中生存，甚至別人失去了生命。請您賜給我勇氣，讓我從悲觀、失望、自憐、惶惑、無意義與目的的生命中釋放出來。

3.以信任對抗恥辱和懷疑

　　我們要尋求神幫助我們消除懷疑、羞辱、困惑以及恐懼情緒，使我們學會信任，具有勇氣與信心。

　　這個步驟要求我們重視神的德能、以及他人與自我的幫助重獲信心。作爲一個受害者，我們可能對要幫助我們的人失去信心，或許我們曾被別人陷害。我們不會相信任何人，只相信自己，結果我們自己卻一點自信也沒有。我們可以從下面的方法來破除恥辱、懷疑和不信任的心態：

　　（1）認知：要承認自己仍然處在恥辱、懷疑與不相信他人或自己的經驗中。

　　（2）尋找：要逐漸的去尋找與發現神以及他人的信任與幫助，使我們消除恥辱、懷疑與不信任的心態。

　　（3）屈服與付託：把我們恥辱、懷疑和不相信的態度付託給神。

　　（4）行動：以行動來體現對神與朋友的信任。

　　祈禱文：神啊，祈求您幫助我，使我了解在自己虛僞的誇傲下，所隱藏的恥辱、懷疑和不信任心態。教導我如何去信任別

人。賜給我勇氣去接受別人的關懷，讓我從恥辱、懷疑和不信任的捆綁中獲得釋放。

4.列出清單

對神承認我們的過錯，祈求神幫助我們闡揚正面積極的想法與特性，並改變負面、消極的想法。

作為一個生存者，我們要體認除非我們能夠克服恐懼、悲痛和戰勝敵人，不然就不能生存下去。作為一個受害者，我們可能經常會重現災難的恐懼陰影。我們也可能會出現反覆的創痛或產生自我破壞行為。自列有關自己弱點的清單，可以幫助我們發現與了解自己隱藏的破壞性行為，對他人或自己都會產生傷害，或破壞親友彼此之間的關係。我們要以開放的心情傾聽他人的經驗，幫助我們消除負面的想法。我們可以開列下面的清單：

（1）認知：首先承認與列出自己不易消除的負面的想法、自我破壞行為、傷害自己或他人的動機，以及所隱藏的羞恥等。

（2）尋找：要開放胸懷去尋找與接受他人的幫助，以釋放內心的自我破壞動機，消除傷害自己或他人的行為，以及因隱藏羞恥秘密而產生的自責。

（3）屈服與付託：把我們清單屈服與付託給神。

（4）行動：以行動來體現對神與朋友的信任。

祈禱文：神啊，祈求您幫助我消除所有負面的想法，建立起積極的人生態度，誠懇的接受別人的勸導，改變人生觀走向新的人生旅程。

5.控制憤怒情緒

憤怒是日常生活中一種正常的情緒反應。面對生命受到威脅或危險時，往往會產生極度憤怒，甚至殺人的狂暴情緒。事實上，作為一個災難生存者，我們要覺察到生命的任何威脅，自然會產生憤怒反應。但是，如果憤怒變成了日常生活的一部分，我們不能控制，而產生破壞、恐懼、傷害自己、他人或公物時，就會嚴重的影響身心健康。

祈禱文：神啊，祈求您賜給我智慧，讓我明白正常的憤怒，幫助我控制破壞性的憤怒。

6.消除害怕情緒

害怕是人正常的情緒反應，有時甚至可以幫助保全生命。但災難已過，如果恐懼的情緒仍然存在，甚至覺得好像發生災難時一樣嚴重，或者不斷的重現恐懼陰影，就會影響我們的日常生活了。

有些生存者，雖然不斷感受到災難的創痛經驗，但從害怕或恐懼中學會了警覺，而逐漸消除害怕或恐懼的情緒。有些人因為害怕而逃避，失去信心，甚至變得麻木。然而，害怕仍然隱藏在潛意識裡，當我們再遇到類似的環境，並缺乏適當的保護或覺得被放棄的時候，將會觸發災難的恐懼情緒重現。

祈禱文：神啊，祈求您幫助我了解害怕或恐懼，是一種正常的情緒反應。但如果自己不能控制，就會變成一種傷害。祈求您幫助我把隱藏在心裡的害怕與恐懼消除，賜給我智慧與力量，使我明白正常害怕與不正常恐懼兩者之間的差別。

7.釋放罪惡感

　　首先，我們要了解罪惡感的來源，然後找出釋放與消除的方法。有時我們有罪惡感，但不知道其原因。如果我們不斷遭受到厭惡的事件，或萌生罪惡意念、惡夢和影像，或是處於長期性的憂鬱症、身體疾病以及自殺念頭時，就會產生難以擔負的罪惡感。例如，生存罪惡感可能引起自我破壞行為，尤其當別人受傷或死亡而自己卻逃過時。別人的死亡、痛苦或受傷，自己覺得負有一定的責任，就會引起罪惡感，甚至對破壞法律者或無辜者，也覺得自己負有責任。罪惡感也可能來自於目睹暴力或災難的結果。罪惡感的產生，也可能與自屬團體的破壞性行動有關，或知道了「災難祕密」所致。罪惡與羞恥可能因為我們覺得不能控制與消除災難後的壓力症候群而產生。罪惡感是一件痛苦的事情，我們往往會自動逃避它或忽略它，或避免情緒性困擾和悔恨。原諒與寬恕，是消除罪惡感的有效方法之一。

　　祈禱文：神啊，祈求您原諒與寬恕我的不當作為和我的罪過。尤其是這些罪過引起別人的傷亡後果。幫助我獲得聰明與智慧，時時刻刻的警覺自己的行為，再不能傷害他人。賜給我力量與智慧，使我從罪惡中釋放出來。讓我能寬恕別人猶如神您寬恕我一樣。

8.消除悲痛

　　我們要尋求神的幫助，讓我們為傷亡者深切悲痛，能夠面對著創痛悲傷的情緒與回憶，讓我們的眼淚療癒我們的悲痛。

　　在這個步驟，我們要注意去體驗全部的悲痛過程。悲痛是對

喪失的正常反應，不管是喪失親人或朋友、喪失自己身體的一部分、喪失家庭甚至崇拜的偶像，喪失自我價值及自尊等等。

當我們感到悲痛的時候，我們體驗到各種不同的情緒反應。我們可能憤怒、憂愁、焦慮、痛苦，會重現災難的陰影與痛苦的回憶，致使我們封閉思想與正常的能力。這些都是面對喪失時的一種正常反應。

如果我們不能體驗整個悲傷過程，仍然停留在受害者的地位，不僅是我們的喪失，而且還持續著不能解決的精神痛苦。我們可能為喪失而苦惱，也可能否認有任何傷痛。我們可能退縮和避免與人接觸而自閉在情緒的牢籠裡，或變成過度的依賴和占有慾。

我們必須了解，能夠體驗悲痛的整個過程，是一件很重要的事情。讓我們能對失去的親人和朋友說聲：「再見！」讓眼淚來治癒我們的心靈創傷。

祈禱文：神啊，祈求您了解我內心的悲痛，幫助與疏導我的內心痛苦、我的喪失。祈求您賜給我力量與智慧，讓我能夠面對並消除悲痛的情緒和回憶，讓我的眼淚治癒我的創痛，讓我勇敢的站起來，走向新的人生旅程。

9.以生命對抗死亡

恐懼、罪惡感、悲痛和憤怒的情緒，本來是我們遭受災難後的一種正常反應。但是，這種情緒如果變成長久性，就會引起焦慮、呆滯、自殺意念，甚至自殺行為。如果誤認為自殺可以解脫一切，那不論現在或將來，產生自我毀滅的危險性都很高，尤其是有自殺念頭存在的時候。

　　我們如何能夠改變這些情緒呢？也許不容易。事實上，面對死亡比面對生存更容易，特別是我們相信死亡比生存有價值的時候。但是必須記住，如果我們已決定結束自己的生命，那就再沒有第二次機會了。我們生存的親人將會終生感到悲痛與內疚。難道這是我們要留給他們的東西嗎？我們可以完全消除自我毀滅與自殺的意念，只要我們能夠做到下面幾點：

　　（1）承認：承認自己無能為力，難以控制自我破壞或自殺的意念。同時認識這樣做法與後果，將會使生存的親人悲傷與痛苦。

　　（2）尋求：尋求全能全知的神的幫助，以及親人朋友和輔導者的幫助，使我們消除自我毀滅的意念，並了解生命的價值與意義，帶著信心與勇氣生存下去。

　　（3）屈服：屈服自我毀滅的意念或情緒給神。

　　（4）行動：去實際行動要求神的幫助，以及親人朋友與輔導者的幫助。讓我們以積極正面的人生態度替代消極負面的自殺意念。

10.以公正對抗報復

　　在這個步驟中，我們要努力從自我破壞、仇恨報復、殘酷無情以及憤怒的意念中釋放出來，使我們能夠尋求公正。作為一個受難者或犧牲者，對危害我們親人朋友健康的人產生憤怒，是一種正常的情緒反應。我們知道，寬恕與原諒有時候不是一件容易做到的事情，尤其是對那些直接傷害我們的人。因為仇恨比生活在愛的環境中容易，特別是覺得生命沒有意義的時候。

　　公正與報復不同。公正來自於對自己和他人的愛、和平與自

由。報復雖然可能帶來暫時的緩和，但最後會帶來永不休止的仇恨、破壞與戰爭。報復會播下破壞的種子，不論是對自己或親友，會帶來更多的傷害，付出更多的代價。

如果我們萌生暴力的意念，頭腦裡有殺人的想法，或者心中的仇恨對自己和他人具有危險性的時候，我們就需要尋求幫助了。

（1）承認：承認我們無力控制仇恨和報復意念，這些意念只會對我們自己帶來更大的危害與傷痛。這些情緒深埋在我們的潛意識裡，已造成了傷害，但我們並不知道，因此，我們要隨時警覺。

（2）尋求幫助：尋求神幫助，以及親朋好友的幫助。

（3）屈服：我們將仇恨和報復的意念屈服於神之下。

（4）行動：立刻實際行動。

祈禱文：祈求神，祈求您幫助我，屈服我的仇恨和報復的意念給您，請您對懷著仇恨與報復的人公正處理。祈求您賜給我智慧、勇氣與力量，讓我明白公正和報復不同，祈求您原諒與寬恕我的過錯，我以前曾經有過仇恨與報復行為。

11.確定目標

作為一個受害者，我們曾經覺得生命沒有意義，但透過前面的十個步驟，我們逐漸發現自己已經從沒有目的、沒有信任、羞恥、憤怒、罪惡感、自殺意念、仇恨與自閉的牢籠中突破了。這種自由來自於認知、尋找、屈服以及實際行動的結果。現在我們已將牢籠打破了，接著下來我們就必須確定生命的目標。

（1）承認：我們首先要認識到自己的軟弱，經常會不知不

覺走回陰暗悲傷的牢籠中。如果這些事情發生，我們很難相信自己的生命是有意義的。

（2）尋求幫助：以消除災難創痛後的壓力症候群，尋找新的生命目標、尋找與神的新關係。

（3）屈服：不但將災難創痛後壓力症狀與包袱，完全的付託予神，而且把自己的生命也屈服與交託給天主。

（4）行動：請教並與他人交談，聽取勸導。

祈禱文：神啊，當我追隨您的時候，祈求您更新我，洗淨我的罪過，讓您的旨意作為我的生命方向，使我的生命創新和滿足。祈求您賜給我力量和信心沿著您的指引途徑，走向新的人生旅程。

12.愛與關懷

我們要尋求神的愛與關懷，讓神的愛與關懷經常灌注在我們的生命中，讓我們也能夠對親友付出愛與關懷，祈求您幫助我們去愛那些我們很難愛的人，去愛護和關懷曾經像我們一樣遭遇過災難的人。

第十四章
癌症之後的新生

癌症生存者的體驗

　　癌症生存者是指患癌之後生存的人，包括：剛被診斷出來的人、經過綜合治療（化療、放射線和手術）正在康復的人、患癌多年的人，或將面臨生命終點的人等。不論如何，如果你現在是癌症的生存者，應該是恢復正常的時候了。

　　一旦被診斷患了癌症之後，你內心的感覺如何，你自己十分清楚，我也非常理解。每一個癌症生存者對於癌症的體驗都不一樣。有些人認為癌症只是一個輕度入侵者，處之泰然，就像你的皮膚上有一個癌細胞痣點，經過開刀切除後，只留下幾寸長的疤痕遮蓋在衣服之下，經過一天的檢查，醫生告訴你已經治好了，你的生命將會繼續如往常一樣。如果你患了癌症，在經過各種治療後，再經過醫生仔細的檢查，沒有任何復發的徵候，你會覺得病情並沒有影響你的日常生活。但是，如果你經過了強化的綜合治療後，或者做了骨髓移植，或要在加護病房繼續一段長時間的

治療，又要經過一段長時間才能使你覺得恢復正常（包括身體和心理的正常），這些種種不同的癌症經驗與感覺，都會影響你的每一個細胞。很可能你經過了綜合治療（尤其手術治療）後，將失去身體的某一部分器官，如乳房、子宮、膀胱、耳朵、手或足等。更常見的是經過化學或放射線療法後，你失去了食慾、性慾、頭髮、味覺，甚至智能等，使你正常的生命軌道發生變化。現在，你想沿著這個變化的生命軌道，走向以往的正常，有時卻無能為力。這個時候，可以想像你的內心會產生嚴重的壓力及負面情緒，甚至喪失了求生的意志。但是，並非喪失身體某部分器官的人都是在病中，例如一個出生時就失去一條腿的小孩子，他並不是一生都處在疾病的狀態中，他雖然殘障，但身體和心理仍然健康。一個女孩子生下來就是兔唇，也許會影響她的臉部美感，但也不等於她的身體有病。這兩個孩子都可以說沒有病，為什麼呢？因為在他們的身體內沒有抗爭。

早在2500年前，被稱為現代醫學之父，同時是希臘偉大哲學家與醫學家的希波格拉底斯就指出，疾病是身體抗爭、調適與康復的過程。這兩個孩子的身體抗爭，早在他們出生的時候就失去了，現在他們的身體已是和平的環境。癌症的生存者雖然失去了某一部分器官，但癌症的部位已經被手術切除了，或經過化療及放射線治療後，已經被控制或沒有任何抗爭了。換句話說，就是他們的身體沒有處在病態之中，因此，應該要振作起來。

癌症發生的原因

我們從醫學的觀點來看，癌症的發生與人體的免疫功能降低

有密切關係。換句話說，在每一個健康人的生命過程中，體內都經常會產生不正常的致癌細胞，他沒有發病的原因，只是正常的身體免疫系統，能夠辨認出不正常的癌細胞，知道它將會嚴重的損害人體的健康，而在尚未出現任何身體症狀之前，就立刻將癌細胞隔離並消滅了。這是醫學的事實。對於患癌的人來說，因為他們身體的免疫功能沒有發揮作用，而使癌細胞不斷的生長，引起一系列的症狀出現。因此，如果你能夠刺激身體重新產生強大的自然防衛功能——免疫系統，就可以使身體消除或排出所有的癌細胞。再繼續延伸下去，如果我們免疫系統功能繼續保持完整，不應該擔心癌細胞蔓延至身體其他部位或復發了。

今天，不論你的進程如何，你是處在生命的旅途上，準備走向一個新的正常。雖然，你不容易糾正已變化了的生命軌道，但你可以沿著變化的生命軌道，走向一個新的生命旅程，一個新的正常！

走向新的生命旅程

生命調理課程是要幫助你積極的過渡到新的生命旅程，並使你安全的過渡，幫助你了解如何應付許多身心的、社交的和情緒性的問題。因為這些問題可能會阻礙你走向新的生命旅程，影響著你的健康。

我們知道，生命是可貴的。每一個生命都是自然的恩賜或神所賦予。每個生命都是奇蹟啊！追求健康、快樂和幸福的生命，是我們人類的共同目標。癌症的生存者雖然不能恢復已失去的某部分器官，但它阻擋不住強烈的求生欲望，以及要走向新的人生

旅程的決心。學習新的生命調理方法，用它來調理生命，可以幫助人勇於面對現實，禁得起憂患和痛苦，不爲病痛所困擾，情緒穩定，內心樂觀，對於不能改變的事物，能夠心平氣和的接受，不會令自己失望和痛苦。正確的調理生命對於促進癌症的康復有很大的幫助，即使身心遭受到嚴重傷痛，也可以減少其痛苦，增強生命的意志力，絕對不能放棄治療；況且免疫系統強力的極限，現在還沒有人徹底的清楚，因此最後的康復是可能的。即使是將到達生命終點的癌症生存者，也能夠使他寧靜而安詳的離開，彰顯出生命的尊嚴。

癌症並非絕症

醫學報告指出，保持樂觀情緒、充滿信心和意志力的癌症生存者，其存活期大大的長過悲觀、喪失信心和意志力，自認爲不治的癌症患者。要知道，人的體內具有自然療癒的能力，況且醫學日新月異，新的特效治癌藥物與方法，將會隨時問世，千萬不要以爲癌症是不治之症，也不要認爲癌症治療是一個很痛苦的過程。

現在，醫學界有兩種治癌的理論根據：第一，癌症的發生是人體細胞遺傳基因發生突變，使不正常的癌細胞無限制地生長所致。於是其治療原則是，必須把最後一個癌細胞消除乾淨（包括手術、化療、放療等）。第二，癌症的發生是一個複雜的過程，是人體正常的調節功能發生變化，身體接觸致癌物質（化學或放射線）的長期刺激，加上人體內的免疫機能和內分泌系統不正常的結果。因此，癌症是可以逆轉的，因爲人體內具有抗癌的細

胞，以及一系列免疫系統，當這些系統功能強大的時候，它可以抑制或消滅癌細胞的生長。如果我們能夠增強體內免疫功能，癌症是可以治好的。這是新的治療方向！

前面曾經說過，患癌的機會人人都有。根據癌症專家指出，每一個人每年都有30～40次患癌的機會，一般人每天身體內會產生100～200個癌細胞，如果40歲以上的人，每天會產生3,000～5,000個癌細胞，但非人人都會得癌症，這是因為人體內的免疫機能和內分泌系統正常，抗癌細胞能夠抵抗致癌物質。可見，如果你能夠增強與恢復這些抗癌系統功能的話，癌症是可以控制的。換句話說，癌症是可以康復的。請記住「提高免疫力，癌症就遠去。」這句話，這是癌症生存者的大好消息啊！如何增強你的免疫系統功能，才是重要的課題。

配合癌症治療的好方法

癌症病人患癌後，生命可能受到威脅，陰影也許會出現在你的眼前，也就是擔心癌症會隨時復發。如果要求你完全排除這個復發的陰影，可能會有點困難。是的，復發的危險是存在的，但必須離開那陰影，把你的注意力放在恢復健康方面，像是預防復發和早期測出復發徵兆。你或許不容易糾正細胞遺傳基因的改變，也不容易避免癌症治療過程中可能會發生的負面問題，但你可以學會如何去接受治療，配合治療，譬如可以改變你的生活方式，消除你的心理恐懼，或是增加你的免疫力。改變你的飲食習慣，少吃或不吃含有高脂肪或動物蛋白的食物，削減少癌細胞生長的營養，消弱癌細胞的生長活力。

　　目前大量的醫學研究資料證實，正確而適當的飲食可以預防癌症，或抑制癌細胞的生長和擴散，若配合綜合治療，可以增強治癌的療效和促進康復。李秋涼老師的生機飲食法無疑是一種很好的治癌輔助方法。

　　同時，再加上生命調理方法，能夠幫助你更加的配合癌症的治療及康復。透過正確的生命調理，可以消除你內心的恐懼、壓力、憂鬱與焦慮，使你的內心達到高度寧靜的境界。透過正確的生命調理可以激發你內在強大的潛力，創造良好的內在環境，促進大腦中樞神經系統和內分泌系統的調節功能，增強身體免疫力，促進癌症的康復。

　　很多癌症的生存者，經過第一次治療後，也許會提出這樣的一個問題：「為什麼會是我？」這是一個非常深奧而富於哲理性的問題，你會提出這個問題是可以理解的。這個深奧的問題深深的觸動到個人的信心。作為人類，就一定會痛苦、喪失和死亡，沒有人能夠逃出這個自然規律。你可以用「為什麼會是我？」這個問題來發掘和建立起你內心深處的信仰。並非只靠信仰的力量就可以不要看醫生了，我要強調的是，你要有樂觀的想法，保持內心的寧靜，發揮內在強大的信心和潛力來對抗癌症。你必須靠專家的幫助，接受與配合綜合的癌症治療。

　　現在，我想請你發揮豐富的想像力：想想每個人是否都可以走過固定在地上的15公分寬10公尺長的平衡木，而腳不會落在地面上呢？我相信每個人都可以做得到。如果把平衡木提高到離地100公尺，同樣地很安全的固定好，你們每個人都可以走過去，而不會跌倒嗎？我想很多人走過去時，恐怕不會像平衡木固定在地面上一樣，很平穩的走過去吧，至少身體會不平衡，甚至兩手

要左右搖擺保持平衡，以防止摔倒才能夠走過去。爲什麼呢？因爲平衡木放在地面上，你走過去時，注意力是放在平衡木上面，所以容易平衡。但當平衡木離地100公尺高的時候，你走過去時，注意力卻轉移到100公尺以下的地面，而不是平衡木上面，使你覺得身體不接觸到平衡木，而失去了平衡的緣故。平衡木選手學會把注意力放在平衡木上面，而不是放在地面上，經過長期訓練很少會跌下來。同樣的道理，作爲一個癌症的生存者，你必須學會把注意力放在新的生命旅程上，而不是放在不確定的將來。這樣你在新的生命旅程上走的時候，才不會摔倒。這個方法是可以學會的，我會告訴你如何練習這個方法。

從現在開始，你們要走出心靈的陰霾，堅強地活出生命的色彩，走向一個新的生命旅程——就是走向新的正常。這需要經過一段時間的練習才能達到。一旦掌握了正確的生命調理方法之後，就可以發揮出強大的生命潛力，改變你的整個人生觀，調整你的行爲，使你的身心靈能夠整合，和諧與共融，促進癌症的康復。當你體驗到強大的生命潛力，內心的情緒也會隨之改變，一種幸福喜樂的感覺，將會在內心裡湧起和成長，伴隨著你走向新的健康人生！

對癌症病人講稿（在身心放鬆法講稿後使用）

這個療法可以激起癌症病人堅強的求生欲望與生命力，對癌症的治療有很大的幫助。講稿如下：

從現在起，你體內的免疫系統將會發出強大的力量，去控制體內癌細胞的生長——現在，我要你發揮想像力——想像長癌的

部位，看見它慢慢的變爲透明——你看透皮膚——看透血管——看透骨骼——看見那些癌細胞——想像你的白血球和體細胞大量集合在一起，發出強大的力量——想像它們正在攻擊癌細胞的生長——想像它們攻擊癌細胞——一直到消滅它們爲止——永遠的消滅——但保留著正常的和健康的細胞。同時你的白血球和體細胞不斷增強——放射線療法和化學藥物治療又是一股強大的抗癌力量，它們結合在一起去消滅不正常的癌細胞——但保留著周圍的正常細胞不受到傷害——。

　　你身體內的免疫抗體將會迅速增長——繼續去消滅殘餘的癌細胞——同時不會傷害到周圍的正常細胞和組織。你身體內所有的防衛功能，將會積極行動起來——去消滅一切不正常的癌細胞——。所有的血液將會停止供應給癌細胞，加速癌細胞的死亡。

　　現在，你的潛意識很清楚的知道，哪些是癌細胞，以及長癌的正確部位——哪些是正常的細胞——你的潛意識將會停止供應血液給癌細胞，但只供應給正常的細胞——同時，你的潛意識會樂意接受所有的治療方法，包括化學療法、放療線療法以及手術療法等，使這些綜合治療能夠正確的消滅不正常的癌細胞生長——但保留所有周圍正常的組織細胞不受到傷害——。

　　在接受放射線治療的同時，你血液內的氧氣也會同時增加——去幫助放射線快速的到達癌細胞，當治療後就立刻停止供氧給癌細胞，使癌細胞因缺氧而死亡——。

　　現在，你的潛意識、你的免疫系統、你的血液和氧氣將結合在一起，產生強大的力量，加上所有的醫學療法，去包圍和消滅你體內所有的癌細胞——同時，保留著正常的組織和細胞不受到一點傷害。

　　從現在起，你具有強大的信心和力量，能夠消滅癌細胞——你一定要相信你自己潛意識力量，它將會指揮你體內免疫系統的強大機能——去消滅那些癌細胞——。你一定要相信，發揮你的潛意識和醒意識的力量，能夠幫助和增強一切醫學治療效果——你的潛意識能夠正確的發現和測定患癌部位，而停止供應血液給癌細胞——使它因缺氧而死亡——但卻不會對正常的細胞產生不良影響——。從現在起，你潛意識和醒意識的意志力會結合在一起——共同去戰鬥和消滅癌細胞——你覺得身體一天一天的強壯——一天一天的康復——你充滿著強大的信心和力量，你再也不會感覺到失望、悲傷和痛苦了。

　　現在，發揮你的想像力——強大的想像力——你的潛意識會發揮出無限的力量，指導著所有的正常細胞去包圍和消滅那些癌細胞——同時，動員所有的白血球和體細胞，所有的免疫系統和防衛功能——結合一切有效療法——停止供應血液和氧氣給癌細胞——但不會對正常的細胞產生不良影響——。

　　從現在起，你的免疫系統會很敏感，對於癌細胞會立刻識別，同時立刻的、完全的消滅它們——你會感到內心十分寧靜，你要絕對相信自己一定能夠戰勝癌症。

生命調理法2
自我催眠

2006年7月初版　　　　　　　　　　　　　定價：新臺幣240元
有著作權・翻印必究
Printed in Taiwan.

著　　者　何　華　丹
發 行 人　林　載　爵

出　版　者　聯經出版事業股份有限公司　　叢書主編　林　芳　瑜
台 北 市 忠 孝 東 路 四 段 5 5 5 號　　特約編輯　李　秀　華
編 輯 部 地 址：台北市忠孝東路四段561號4樓　　美術編輯　桂　曉　芬
叢 書 主 編 電 話：(0 2) 2 7 6 3 4 3 0 0 轉 5 0 4 8　　攝　　影　愛　普　印　刷
台北發行所地址：台北縣汐止市大同路一段367號　　　　　　　　設　計　公　司
　　　　　　　電 話：(0 2) 2 6 4 1 8 6 6 1
台北忠孝門市地址：台北市忠孝東路四段561號1-2樓
　　　　　　　電 話：(0 2) 2 7 6 8 3 7 0 8
台北新生門市地址：台 北 市 新 生 南 路 三 段 9 4 號
　　　　　　　電 話：(0 2) 2 3 6 2 0 3 0 8
台 中 門 市 地 址：台 中 市 健 行 路 3 2 1 號
台 中 分 公 司 電 話：(0 4) 2 2 3 1 2 0 2 3
高 雄 門 市 地 址：高 雄 市 成 功 一 路 3 6 3 號
　　　　　　　電 話：(0 7) 2 4 1 2 8 0 2
郵 政 劃 撥 帳 戶 第 0 1 0 0 5 5 9 - 3 號
郵 撥 電 話：2 6 4 1 8 6 6 2
印 刷 者　雷 射 出 片 ・ 世 和 印 製

行政院新聞局出版事業登記證局版臺業字第0130號

本書如有缺頁，破損，倒裝請寄回發行所更換。　　ISBN　957-08-3028-X（平裝）
聯經網址：www.linkingbooks.com.tw
電子信箱：linking@udngroup.com

國家圖書館出版品預行編目資料

自我催眠/何華丹著 . 初版 . 臺北市 .
聯經 . 2006 年（民 95），272 面
14.8×21 公分 .（生命調理法：2）

ISBN   957-08-3028-X(平裝)
1.催眠術   2.催眠療法

176.54   95012069

哈客輕鬆遊，引領您輕鬆遊全台客家庄！

《哈客輕鬆遊》系列為台灣第一套客家庄旅遊書，附實用區域地圖、最新景點及美食資訊。

本套書介紹全台客家庄的人文風情、風景名勝、特色美食，輔以客家風土人情之說明。讓讀者在飽覽山光水色之餘，也能輕鬆認識客家文化。

全書以客家庄人文之美、知名景點以及特色小吃，吸引大眾深入旅遊，所以旅遊行程之設計、美食訊息的介紹，力求詳盡清楚，方便周休二日或假期旅遊之參考、規劃。

《哈客輕鬆遊1‧北部》
168頁，介紹區域──
台北縣、桃園縣市、
新竹縣市、苗栗縣市
定價280元

《哈客輕鬆遊2‧中部》
120頁，介紹區域──
台中縣市、彰化縣市、
南投縣、雲林縣
定價250元

《哈客輕鬆遊3‧東部》
120頁，介紹區域──
宜蘭縣市、花蓮縣市、
台東縣市
定價250元

《哈客輕鬆遊4‧南部》
160頁，介紹區域──
高雄縣市、屏東縣市、
嘉義縣市
定價280元

4冊書皆以故事化、報導性的文字風格和記錄性、精緻化的影像角度，多采多姿地表現了全台客家庄的傳統與現代，引領您輕鬆遊客家庄！

聯經出版事業公司
http://www.linkingbooks.com.tw

聯經出版公司信用卡訂購單

信用卡別： ☐VISA CARD ☐MASTER CARD ☐聯合信用卡

訂購人姓名：_____

訂購日期：_____年_____月_____日

信用卡號：_____ _____ _____ _____

信用卡簽名：_____(與信用卡上簽名同)

信用卡有效期限：_____年_____月止

聯絡電話： 日(O)_____夜(H)_____

聯絡地址： ☐ ☐☐_____

訂購金額： 新台幣_____元整
（訂購金額 500 元以下，請加付掛號郵資 50 元）

發票： ☐二聯式 ☐三聯式

發票抬頭：_____

統一編號：_____

發票地址：_____

如收件人或收件地址不同時，請填：

收件人姓名： ☐先生
_____ ☐小姐

聯絡電話： 日(O)_____夜(H)_____

收貨地址：_____

· 茲訂購下列書種 · 帳款由本人信用卡帳戶支付 ·

書名	數量	單價	合計
		總計	

訂購辦法填妥後

直接傳眞 FAX：(02)8692-1268 或(02)2648-7859

洽詢專線：(02)26418662 或(02)26422629 轉 241

網上訂購，請上聯經網站：www.linkingbooks.com.tw